new window 新視野154

# 不為人知的
# 都市傳說

## 神祕暗網、
## 末日教派、恐怖怪談

永恆樂章站長 Shawn Chen —— 著

本書內有血腥、殘酷內容，
請斟酌考慮再翻閱。

高寶書版集團

# Contents

DATE :

SERIAL NO:

SECRECY DEGREE:

DO NOT COPY! FOR EYES ONLY

TOP SECRET

# Chapter 3　不為人知的都市傳說

# 【自序】

　　經過多年寫作、擔任記者的經歷後，對於寫文章帶有一份很深的情感，另一方面，筆者喜歡鑽研一些未知的事物，因此蒐集許多相關資料。在 PTT 的 Marvel 板寫出第一篇〈不為人知的都市傳說〉，受到廣大鄉民及網友的鼓舞後，緊接著就以每天推出一篇的速度，一路寫下去，終致本書的誕生。

　　筆者以如何讓讀者能夠閱讀到最豐富、最想得知的內容為重點來編寫此書。由於筆者以超過三十年的寫作及採編經驗，非常著重資料的蒐集與整理，因此在敘述這些事件時，盡量達到故事本身與資訊的完整性，讓讀者盡量取得最完整的資訊。同時，在部分內容被社群網站陸續刪文、禁文後，許多資料無法在網路公開發表，因此筆者會將這些遺失或缺少的內容，記錄於此書內。

　　都市傳說以往給人的印象，都是口耳相傳的小故事，但本書顛覆一般都市傳說的觀感，大膽深入介紹與探討一些不為人知的事件，讓讀者如同觀看恐怖片一般，既想看，但又怕受傷害的心情來閱讀此書。本書分為三大主題，分別為暗網、末日教派、都市傳說。

　　在全球掀起一片暗網（又稱為 Deepnet 或 Darknet）潮之際，本書將揭開神祕的面紗，如果說表網資訊在網路世界中，僅佔 20％的冰山一角，那麼暗網資訊則是網路世界潛藏在冰山之下的 80％部分。簡單來說，暗網將人性最黑暗的一面，表現得淋漓盡致。

末日教派則介紹一些藉由宗教名義，鼓吹信徒進行自我毀滅之實的教派。由於宗教的教義往往有淨化、催眠，將意識形態移植進信徒的心裡。當宗教一旦被有心人士利用，則會出現不可預期的恐怖後果，輕則自我毀滅，重則毀滅社會。

　　不為人知的都市傳說則是將世界上恐怖、奇幻、殘酷、靈異等較少人知的都市傳說，整理並介紹。這像是一個會發生在你我的身邊的事件，例如聽一些音樂、看一些影片、讀一些事件，甚至一個人獨處，就會聯想起，或有可能會親身經歷這些事件的發生，這也是為什麼都市傳說會令人既愛看，又害怕的迷人之處。

　　最後在這裡要感謝高寶出版社編輯的賞識，讓這本書能夠誕生。接著要感謝我的父母、妹妹、太太、小孩，以及所有家人對我的期許，再來要感謝我的好友、同事們對我的鼓勵。最後要大力感謝在 PTT 的 Marvel 板、Facebook 的「不為人知的都市傳說」社團、香港討論區、百度貼吧等社群的華人朋友，一直以來對我的支持與鼓勵。

　　**內文皆為都市傳說，僅供參考，其真實性仍待後人驗證；如感到身體不適，請立即停止瀏覽確保平安。**

Chapter 1 Declassify

# 神祕暗網的都市傳說

# 暗網的起源

Deepnet/Darknet

DATE: _____

SERIAL NO: _____

SECRECY DEGREE: Danger!

　　什麼是暗網？暗網被稱為 Deepnet 或 Darknet，是在一般網路世界中，最黑暗的區域。一般網路世界，我們稱為表網（Surface Web 或 Common Web）就像我們生活的世界一樣，只要手機、電腦連上網路，就等於在網路世界裡有個身分證，可以到處瀏覽，而各網站就像商店一樣，陳列多種不一樣的資訊，讓瀏覽者隨意觀看，或是進行正常的商業交易，如購物或觀看影音。

　　而暗網，則是一個所有人都匿名進入的網路世界，我們可以想像成在一個黑暗的房間裡，所有人戴著面具，沒有人可以分辨得出誰是誰。在這個黑暗房間裡，所有人都可以盡情地做交易，如買賣毒品、槍枝、偽造證件，找任何人進行非法服務，如委託駭客竊取其他人資料，甚至是找殺手幫忙殺掉敵人等。

　　暗網因為匿名性高，被視為是一個龍蛇混雜的地方，除了違法交易外，許多邪教人士、變態狂、恐怖分子等，都喜歡聚集在這個地方，甚至著名的維基解密（WikiLeaks）等，都能在這邊看得到。簡言之，幾乎沒有合法的資訊會在這邊出現。

　　由於暗網的資訊，幾乎就是在一個極度龐大的資料庫搜尋，裡面能找到的資料，是表網的四千至五千倍，被稱為暗網的原因之

一，就是這些資訊無法在表網看到，甚至連蛛絲馬跡都沒有，因此暗網在過去又稱為「隱形的網路」。事實上，早在上世紀的九〇年代，暗網就已經存在，但大多數人都不會去用，會用這些暗網資訊的人，多半為學術界的人，他們利用暗網來儲存一些機密，但又需與相關人士分享的資料。例如，美國研究導彈的學者，會將相關訊息發布在暗網上，一般網路搜尋引擎無法找到，但與美國友好的國家學者們，就可以輕易地利用暗網的搜尋引擎找到相關資料，等於是表網的平行世界。

當時許多違法交易與上述的非法分子，仍在表網活躍，從提供違法軟體到違禁品交易等，都可以輕易地在雅虎（Yahoo）或谷歌（Google）等搜尋引擎找到門路。到了 2000 年後，因表網衍生的犯罪行為越來越多，因此各國警方及美國聯邦調查局（Federal Bureau of Investigation；FBI），開始強力打擊表網的犯罪行為，從非法提供軟體、影片等，到販毒、召妓、販賣非法武器，一直到邪教的宣傳等，一網打盡。接著這些非法訊息開始轉入暗網，繼續從事這些活動。

也因為高匿名性，造成各國警方或 FBI 查緝不易，於是犯罪行為越來越多，到最後各種表網生存不下去的非法分子，或非法網站開始透過代理伺服器製造假網路位址（Internet Protocol；IP），另有一部分則是移往暗網，不讓谷歌等搜尋引擎查到。谷歌可以垂直縱向查詢一個網站內的所有關鍵字資訊，把資料探勘的精神發揮到極致，但暗網的網站就是刻意避掉谷歌等一般搜尋引擎的查詢。

在暗網裡，所有的網站都是動態 IP 位址，雖然網址相同，但伺服器不一定會在同一個 IP 位址。簡單來說，就像是國外拖車式的行動房屋一樣，今天位址在台北，明天可能就開到高雄，但房屋裡面的電話都是同一支，所以無論換到哪個地點，只要電話號碼沒變，就一定找得到這間行動房屋。

事實上，暗網的存在原本並不是這麼黑暗，純粹是學術界想要製造出一個自己的網路空間，他們在自己的空間裡，跟同好分享著資料，而軍方及政府人員則是利用這個空間，跟其他國家情報人員分享情報。然而，在一些非法分子從表網被查緝殆盡後，改找其他的方法與一些同好分享資料或買賣違法產品，因此在他們發現暗網可以打造成為一個犯罪天堂後，所有的非法分子、恐怖分子紛湧入這個網路世界，也讓原本單純的暗網，成了惡名昭彰的黑暗國度。

筆者認為，有時候科技進步是為了讓人類生活更方便，更容易取得資訊，提升生活品質，但這些科技一旦用在錯誤的方向，就會對人類造成更多的困擾。因此暗網並不是黑暗的代表，而是人性將暗網背上罪惡深淵的惡名。

# 反應人性黑暗的暗網

DATE: _____
SERIAL NO: _____
SECRECY DEGREE: *Danger!*

在網站隱密度的層級分類中，有國外人士細分為九個層級，前四個層級為一般瀏覽器能夠上的網站，零級的一般網路，只要一連上網，就可以瀏覽，如臉書、谷歌、雅虎等；一級的 BBS 網站，如 PTT、Reddit 等；二級的浮動表網（Bergie Web），是接近暗網等級的網站，但一般瀏覽器還上得去，如 4chan、FTP、Kickass.to、海盜灣，這些都屬於表網。

後面五個等級，需要有 Tor 瀏覽器，或虛擬私人網路（Virtual Private Network；VPN），也就是俗稱的「翻牆」，才可以進到更深一層的網站，其中包含三級的基礎暗網（Deep Web 或 Dark Web），如暗黑維基（Hidden Wiki）、硬糖果（Hard Candy）、紅色刑房（The Red Room）等、四級的浮動暗網或特許暗網（Charter Web），去過一次，第二次會換網址，所以離開前需要知道下次的網址是什麼，如殺手市集、無極限樂趣網站。

五級的影子網路第一級（Marianas Web），從英文字面來看，這網路就跟馬里安納海溝一樣深，自這裡開始，需要採用 VPN，並需取得網址及特殊帳號與密碼；六級的網站為特殊的中層網（Intermediates）是由各種神祕宗教或組織架的網站，由他們選定你是否可進去，不是你自行找門路進去，一般是知名人物才有資格進去，如光明會、天堂之門等。

七級的網站為國家級暗網（The Fog 或 Virus Soup），一般是給各國調查局或祕密特工進去，他們進去是為了交換情報，如美國特務要向俄國特務尋求某恐怖分子的情報等，就會用這個網路來交換訊息，這個網路常會在電影鏡頭裡出現；八級為所有網路的最後一級，也就是許多網站介紹的影子網路第二級（The Primarch System），一般人稱為「量子網路（Quantum t.r.001 Level Function Lock）」，由神祕組織架設網站，超越宗教與政府，此網站操作著各國政府議題，如伊斯蘭國透過此網路來和各國談判人質交換等，以世界中心為基礎的網站，又稱為「最後的首領網路（The Final Boss of the Internet）」。

由於九層太過複雜，這邊筆者僅分為三層，第一層是表網（Surface Web），就是一般谷歌或臉書等給大眾看的網路內容，比較大眾化，且容易搜尋得到，網址也非常固定；第二層是浮動網址的網路（Web Proxy），也就是遊走在灰色地帶的網站，著名非法連結提供者海盜灣，或一些重口味的四葉草網站等，都屬於灰色地帶網站。不過其網址可以在谷歌搜尋到，所以算是表網中的暗網。

第三層就是所謂的暗網，依照網路資料的比重，表網、浮動網、暗網各三分天下。進入暗網非常簡單，最困難的是要怎麼去到裡面的網站，如果沒有關鍵字或網址，將會搜尋不到裡面主要的資料。再者，暗網的網站已經過許多代理伺服器的轉址，因此到任何一個網站都會非常慢，除非去特定的網站，如以 onion 結尾的網站，否則用一般瀏覽器幾乎就可以了。

大部分到暗網的人，都是使用由美國海軍所研發的 Tor 瀏覽器，這瀏覽器的好處是，透過多個代理伺服器轉接後，在暗網的網路裡，可以隱藏使用者的真實 IP 位址，也就是會自動產生一個假 IP 位址，讓其他人無法追到該使用者的足跡。就像過去的日本漫畫《怪盜千面人》，一次戴多個面具，不露身分地為所欲為。也因為隱匿性夠，暗網逐漸成為非法分子的溫床，因可掩蓋他們的身分，進行非法活動。

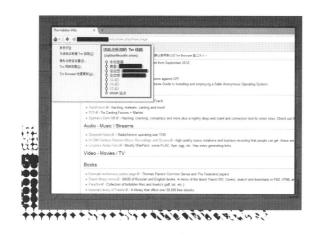

**繞過多個代理伺服器的洋蔥瀏覽器。**

在打開洋蔥瀏覽器（Tor）後，只要有關鍵網址，就可以找到黑市、討論區，或一些極度黑暗的網站。在暗網中，暗黑維基是一個能力強大的入門網站，它會列出目前大部分暗網能去的網站。網站只要是 onion 結尾，一般瀏覽器是無法進去，一定要用洋蔥瀏覽器。

在暗網裡，由於交易一般的貨幣，容易受到各國警方人士，甚至是 FBI 的追蹤及調查，且即使用人頭帳戶，仍是有一定的風險；於是大部分改採用虛擬貨幣的「比特幣（Bitcoin）」作為交易單位，例如買些偽造商品，賣家會列出價格及商品圖片，交易方式百分之百採貨運，但有些網友反應，暗網許多交易市場都有詐騙集團存在。

有一個網友曾在暗網著名的「絲路」，買了約五百美元的毒品，結果買家一直未將毒品寄給他，他直覺是被詐騙了。後來他在暗網的一個論壇談及此事，有個網友跟他說，他遇到的那個買家不是詐騙集團，就是一個單純的騙子。這位網友問他是不是想拿回錢。這被騙的網友當然是希望這位論壇的網友幫忙。這論壇網友跟他說，本身也很討厭這騙子，於是就幫他這個忙，這名被騙的網友就給這論壇網友他的銀行帳號。

過了數天，他檢查銀行帳號時，發現有一筆五百美元的匯款進帳，他感到非常驚訝，一直感謝那位幫他的論壇朋友。一問之下，才發現原來這個論壇朋友也是個騙子，只是他的手段更高一截，他因為不滿這位網友曾想騙取他的錢，於是他用些技倆，騙取這位網友的一千美元，並將一半的錢分給這位最初被騙的網友。

暗網並不只是非法、變態等人士聚集地，甚至是詐騙集團與騙子的溫床，因此，進入暗網時，最重要的是千萬不能夠透露任何一絲有關個人的訊息，哪怕是最粗略的國籍、英文姓名、網路常用的使用者名稱等資料，因為暗網裡的非法集團人肉搜索非常厲害，只要有點蛛絲馬跡，就有可能會找到該名使用者。更重要的是，裡面的交易大部分都違法，當作教學或新奇事物看看即可，不要真的去交易，以免出現觸法。

　　事實上，暗網就像一個無底洞一樣，它到底有多黑暗，到現在一般人還無法完全探到最底層，但真正恐怖的並不是鬼魂或亡靈，而是人類所創造出來的黑暗面。

**洋蔥瀏覽器載點**
https://www.torproject.org/

# 以人類為獵殺對象的獵人遊戲

Human Hunting Expedition

DATE: _____

SERIAL NO: _____

SECRECY DEGREE: Danger!

---

探索暗網的程度可深可淺，淺的部分可以見到假證件與毒品買賣的黑市，深的部分，則是進到一個黑暗國度，買兇殺人或付費觀看一些非人道影片，獵人遊戲就是其中之一。過去在暗網中，最黑暗、最不道德的交易服務都在絲路（Silk Road）進行，只要使用者有比特幣，就一定可以從事毒品買賣、看一些變態性的影片，或是雇用殺手等，幾乎能想到的違法交易都會在這裡看得見，當然在比特幣崩盤後，有些供應商只收美金或歐元。不過在絲路老板羅斯烏布利希（Ross Ulbricht）在舊金山被逮後，這個交易所就瓦解了，但並不代表交易瓦解，只是從集中市場轉為散戶而已。

在暗網裡，最令人髮指的幾項服務，除了雇用殺手幫忙殺人外，另外就是獵人遊戲。所謂獵人遊戲，內容是當獵人沒錯，但是獵物卻不是一般我們所熟知的野生動物，而是人類，活生生的獵「人」遊戲。

暗網有許多討論區，這些討論區所討論的話題，都不是一般輕鬆的話題，而是人性較黑暗面的話題。目前在暗網的一個討論區裡，出現了一則獵人遊戲的服務。在一篇流出的文章中，供應商右邊的畫面提供獵人遊戲服務，參加一場需付十萬美元。

獵人服務則是提供單人或團體狩獵，行程為整日，共分為五個階段，當然獵物就是「人」，而這些獵物的來源，多半是各國的失蹤人口，或是遊民，甚至是落後國家的難民，由於沒有人會在乎他們的死活，因此舉凡暗網的獵人遊戲、殘忍格鬥等，都是由這些人參與。

獵人遊戲的地點是新幾內亞，在獵人遊戲中，還包括幾個小遊戲在內，如戲弄獵物、殘殺獵物，甚至是虐待獵物等。參與者所使用的武器限投射性武器，如槍或弓箭等，勝利者還可以獲得獎杯。聯絡窗口全程以電子郵件聯絡，包括細節、詳細地點、組隊方式等，可以說完全跟狩獵動物一樣，只是對象是人。

然而，恐怖的不是遊戲的本身，而是參與者趨之若鶩。原本這種付錢就可以施虐的遊戲一直就是一些富人的休閒嗜好，特別是歐美許多富豪有這種特殊癖好，換成的對象是人，這些富豪就更有興趣，因為第一經驗難得，用錢都買不到，第二可掌有生殺大權，滿足參加者的權力慾望，第三在這些參加者眼裡，一條人命才十萬美元，非常便宜，又可有娛樂效果，於是趨之若鶩地參加，當然這類型的服務也開始崛起。獵人遊戲只是其中之一項較為黑暗的服務，另一項也是許多人熟知的殺手雇用服務，就像電影的《刺客任務》一樣，真實的在暗網上演中。

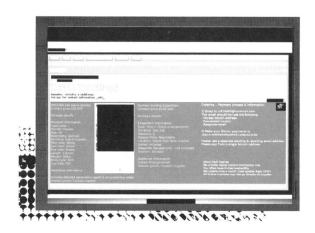

暗網內的獵人遊戲網站。

# 暗網化的暗殺傭兵

Contract Killers

DATE: _____

SERIAL NO: _____

SECRECY DEGREE: Danger!

在暗網裡，任何非法勾當都不稀奇，暗網不只是暗網，而是人心最黑暗的地方。一般除了一些毒品、槍枝交易外，對於人的虐殺也是有交易性的。另一種對人的虐殺，就是雇用暗殺者。由於在暗網的網址名稱是一堆無意義的英文、數字所組成，一般瀏覽器無法解析其真正網頁的位置，只有透過洋蔥瀏覽器或類似的瀏覽器，替查詢者進到各地不同的節點，再進到真正的網頁位置。因繞過許多代理伺服器，其網址改變多次，原址已完全匿名。目前幾個知名的黑市仍活躍於暗網中，分別為中土市場（Middle Earth Market）、夢之市場（Dream Market）、加密市場（Crypt Market），這三個黑市所賣的商品，沒有一樣是合法的。

在暗網最盛時期，狙擊手、暗殺等字眼是在暗網論壇或黑市中，非常熱門的搜尋關鍵字，特別是俄羅斯及東歐，因為在這些地方進行非法活動比西歐或美國容易，因此暗網大部分的非法活動都集中在這兩個地方。暗網的交易見不到對方，僅靠論壇、比特幣帳戶等匿名措施進行。

在這些論壇的黑市裡，暗殺者會貼出一些訊息，告知僱主他們的能力，甚至讓僱主選擇要被暗殺對象的死法。舉其中一位暗殺者的自我介紹為例：「我的手腳非常乾淨，被我狩獵成功的獵物，都

會被布置成正常死亡，例如心臟麻痺而死、死於車禍，或突然暴斃等。」

有一個被稱為「極惡解決方案之船（Unfriendly Solution boasts）」的暗殺者，在黑市貼出這樣的自我介紹：「我有七年的經驗，這七年來，我處理過無數的案件，並不是因為我暗殺能力強，而是我對人沒有任何憐憫之心，我喜歡看著他們殘忍地死在我眼前。由於我擁有這樣的個性，讓我成為一個強悍的暗殺者，假如有人給我好的價碼，我可以依這人的要求，讓被指定的對象虐殺至死，包括分屍、蒸煮都可以，隨這人需要。」這位極惡解決方案之船的交易方式，為採用比特幣。

另一個以克蘇魯神話為名的知名暗殺者團體克蘇魯（C'thulhu）的自我介紹，就顯得比較制式化：「我們從交易到狩獵成功都在這個黑市進行，大家都看不到彼此，事成後也不會見到對方。我們的人曾當過法國傭兵數年，擁有高超、迅速的殺人技巧。」

還有一個知名的暗殺網叫「狙擊手網路聯盟」，直接在網上就貼出了價碼，在美國、加拿大下手，一個人要一萬美元，在歐盟國家下手，一個人要一萬兩千美元。最可怕的是，如果將此網站介紹給朋友，事成之後，介紹者可以抽佣1%。不過這狙擊手網路聯盟跟其他暗殺者不同的是，他們還有堅持道德底限。他們明定不殺十六歲以下的孩童，及各國前十大政客。

比較知名的雇用殺手殺人案件的是絲路的創辦人羅斯烏布利

希，曾被 FBI 控訴雇用殺手殺了兩人，不過後來無罪釋放。

　　這些比較屬於跑單幫，接單個案件，另外還有更可怕的「暗殺市場」。這個暗殺市場是公開招標，換句話說，使用者只要把想殺害的對象貼在暗殺市場中，就有殺手會開始接單，做這筆生意。

　　另外，在表網有個雇用殺手的網站（http://hire-a-killer.com/），裡面也有寫一些服務及價格，像是可以委託殺狗、老人、親屬、前夫或前妻、名人等，也可以選擇他們的死法，如意外事故、炸死、自殺、槍殺、毒藥，甚至可由殺手自選。不過仔細一看，這個網站似乎有惡搞暗網的殺手網站性質存在，娛樂成分比較高一點。

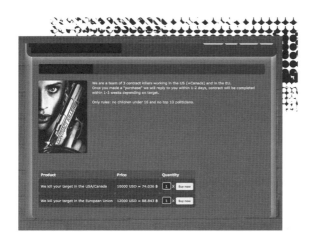

暗網內的殺手網站。

除了暗殺傭兵外，還有個非常特別的暗網殺手社團（Assassin's Community），在這個社團裡，殺手可以自行將履歷貼在網上，由委託者選擇要由哪一位殺手來執行任務。在殺手的自介裡，會介紹暗殺成功的人數、年齡、性別、是否曾折磨過暗殺對象，讓暗殺對象痛苦至死、殺人成功的照片或影片；以及可執行暗殺任務的區域，如亞洲、歐洲、美洲或非洲等。除了這些個人簡介外，還有列出曾暗殺過幾名前十大政治人物、前百大政治人物，或任一政治人物等。

在殺手社團中，基本上是不會去碰政治人物或名人，因為目標太過於顯眼，隨便一個名人出事，小則當地警方調查，大則國際警察也會介入，所以名人區是殺手的禁忌。不過當然也有一些殺手願意接受這樣高風險的委託，但風險越高，相對的代價也就越高。

殺手社團在官網寫明不接受一般貨幣，僅接受比特幣，因要保有雙方的隱密性。委託者首先選好殺手人選，價格約從五千歐元到一萬歐元，再將需要暗殺對象的大略特徵與簡介，告知社團管理者。管理者會將訊息轉交給殺手，當殺手收到訊息後，會自行與委託者聯絡。當然殺手會用很多種方式掩藏自己的身分和位置，也會調查委託者及要暗殺對象的背景。

在雙方成交後，社團會先將委託費用保留，直到殺手將對象殺害後，才會轉帳給殺手。殺手將依據委託者的需求，進行凌虐暗殺對象的任務，從傳統的徒手攻擊，到拿著狼牙棒將暗殺對象打到死為止，都可由委託者來選。如果是一般的暗殺，殺手會將暗殺對象偽裝成自然或意外死亡，而在暗殺達成前，如殺手失手或未完成任

務，社團不會將錢轉交給殺手，並退款給委託者，直到殺手將暗殺對象殺害，並把照片傳給社團及委託者，經確認無誤，才會將錢轉交給殺手。

據有關暗網的一些討論區之消息顯示，在現實社會中，很多無法破案的殺人案或懸案，都跟這些暗殺的交易有關，由於殺手來自各地，如國家級特種部隊、傭兵、警察，甚至是國家安全調查局的幹員，大部分都會動用一些關係，將這些殺人案給掩蓋過去，甚至湮滅證據。事實上，還有殺手會再外包出去，他們善於利用一些街頭小混混或智能障礙人士，給他們一點好處，讓他們進行暗殺的行動，通常街頭小混混為了名利，就會接下這種委託，而智能障礙人士則在進行殺人後，因精神方面問題，往往都會被判無罪。

許多發生在國外的殺人案，有部分找不到兇手，最後成為懸案，這些案子都被懷疑涉及暗殺。事實上，在暗網出現前，國外雇用殺手殺人的案件就層出不窮，只是暗網的出現，讓各種暗殺服務整個國際化，甚至檯面化。

# 以殺人為競標物的暗殺市集

The Assassination Market

DATE:＿＿＿＿＿＿＿＿＿＿
SERIAL NO:＿＿＿＿＿＿＿＿
SECRECY DEGREE: Danger!

　　在暗網說到暗殺已經是背離人道的事，但更令人髮指的是「暗殺市集」。暗殺市集至今換了多個伺服器，因為裡面過於殘酷，目前FBI嚴格查緝中。這個網站跟獵人遊戲差不多，它主要的運作方式是，首先這個市集主持人會先選出一個被殺者，這個被殺者有可能是該市集受到暗殺委託，將致此人於死地。

　　接下來，參與者就用比特幣或美元、歐元等下注，賭注的內容包羅萬象，例如被槍殺、被車撞死、被活埋，或是被烹煮、分屍等各種死法。另外，還有賭這個被殺者何時會死，以及死亡的地點等，各種恐怖的賭注都有。一旦此被殺者真的被殺害，賭贏的人會得到一大筆獎勵。當然，主持人會提供實際影片，以及該被殺者的死亡證明或證物作為佐證。

　　在暗網裡，死亡市集不只有一個網站在經營，有許多類似的網站存在於暗網中。暗網第一個死亡市集的創辦人，因很喜愛《大鏢客》這部電影，於是化名為三船敏郎。他在死亡市集的關於我，說了這樣的話：「我同意殺人是不對的行為，但在科技的進步下，就算我沒成立死亡市集，別人也會成立，我寧願化身為惡魔，揭開人性最醜陋的一面。死亡市集的建立，不僅僅是殺人為樂，一方面是替天行道，有些惡人作惡多端，但基於種種因素，法律無法制裁，

因此有人出價要殺掉這些惡人，我們也同時讓想要以觀看殺人為樂趣的同好，一起來下注，賭看看這被殺者何時、何地、何種方式死亡。」

三船敏郎也有一些堅持，例如僱主單純看他人不順眼，或對某個名人不滿，甚至是對專業人士，如會計等理由，他不會接受委託。他僅接受有正當理由的委託，例如某些政府官員殺了無辜的人，受害者家屬來委託，這個他就會接受。當然這只是三船敏郎的殺人市集，雖講出一堆大道理，但還是掩飾不了暗殺市集的反人性做法。

然而，許多後起仿效者的做法更為殘忍，且極其無人道。有幾個新興的暗殺市集，並不是接受暗殺委託來作為賭注，而是主持人透過暗網的人口販子，買了被誘拐的失蹤人口、遊民，或第三世界的難民，故意找一個暗殺者來殺掉他們，作為樂子。

有些主持人為了讓遊戲更有樂趣，認為殺一個獵物（被殺者）沒什麼意思，一定要來點前菜，會先逗弄獵物，如先開幾槍打中獵物非致命處，讓獵物嚇得逃跑，再進行獵殺，有可能是一槍爆頭，也有可能是一槍貫穿心臟，總之最後一擊是一槍斃命，其餘暗殺者還有獎金可領，如全部猜對死法或死亡地點的賭客，獎金更是翻倍。較為可怕的是，雖已有 FBI 等單位查緝最初的暗殺市集網站，這網站也關門大吉，但後續其他人經營的暗殺市集還是如雨後春筍地在各地成立。

筆者認為，有些人的心中非常黑暗，平時並不知道，但一旦接觸到這種題材，有可能會激發出心中的黑暗面，而這種黑暗面是會上癮的，這也是為何這種殘酷主題的網站能夠在暗網不斷出現的原因。另一方面，世界上有錢判生、無錢判死的觀念非常嚴重，只要有人願意出錢，當然就會助長了這種犯罪行為，這也是暗網越來越黑暗的原因之一，因為它不斷地下探人類罪惡的最底限。

暗網的暗殺市集網站。

# 不為人知的深網世界

DATE：_____

SERIAL NO：

SECRECY DEGREE：Danger!

　　在暗網裡，有一些網站很容易進去，但有些更深層的網站卻是無法進去。筆者透過一些網站的教學及暗網網址的提供，進到暗網的世界裡。在一開始時，很興奮地開啟了暗網的網頁，在進去幾個交易黑市後，發現大部分都是毒品、槍枝、偽造證件、偽鈔、駭客服務等基本的暗網網站。筆者在逛了幾個匿名網站後，發現沒有一個網站是合法的，各式非法的交易、教學，如教人如何謀殺，或教人如何自殺等，充斥著暗網。這些比較淺層的摸索，很容易讓人對人性感到失望，認為人性都是黑暗的。

　　筆者第一個去的網站叫「夢之市場」，原本筆者以為這個網站的經營方式跟絲路網站差不多，就是賣一些毒品、槍枝等非法物品，但經過仔細的研究，發現這個網站內部所販賣的商品，比一般網站更多，包括從假證件到駭進會員網站取得非法點數的服務，如Netflix、蘋果電腦會員或成人片網站等這種會員制的廠商，各式各樣的非法產品都有。此網站還有一個特別的地方，就是過去絲路有太多假廠商充斥，但夢之市場控管很嚴，因此所賣的非法商品幾乎百分之百會交易成功，致使有些外國網友沉迷於這種市場中。

　　在暗網的交易市場中，都設有討論區，夢之市場也不例外。在討論區內，看到許多暗網專家的討論，有些專家會提供許多外面找不到的連結，這些連結可以再進到下一層的暗網。在暗網裡，假如

這網站越神祕，裡面越多不可告人之事，管理者就會頻繁地變更網址，甚至鎖住會員註冊機制，以防被查緝。不過換了網址後，該網站等於消失在暗網中，假如是該網站的會員，他們在換網址時，會先寄個訊息過來，告知貴賓等級或付費的網友新的網址，但假如是一般人或一般未付費的會員，那麼就再也進不去這個網站了。所以要進入暗網深層世界，就需要花點錢辦貴賓證才行。

筆者去的第二個網站叫「文件天堂（File.Parazite）」，名字聽起來很普通，裡面就是一個簡單的純文字討論區，有著一些維基解密的檔案，以及一些駭客工具書。雖然表面上沒有太多恐怖的事，但進一步查尋，就會出現一些匪夷所思的文件。舉例來說，如何製造黃色炸藥、如何綁架青少年、如何改造槍枝、如何加入恐怖組織，甚至教網友如何駭進銀行帳戶。不過這都是小兒科，越往下拉，所出現的文件就越詭異，像是如何把人切成肉塊烹煮，或是如何尋找年輕女性獵物等，比較重口味的文章。

除了一些文件以外，文件天堂所提供的資料，如同另類的維基解密，這網站甚至對一些邪教用人來祭祀的影片，或是殘殺人類的影片等，乃至過去納粹對人體的恐怖實驗影片及過程，都有詳述地記載，更提供了影片網址，讓人可以直接觀看及搜尋。對於文件天堂，可以用「病態的百科全書」來形容一點也不為過。

前一陣子，網路討論區有篇文章討論到一位外國網友，進到需會員介紹及付費的網站，並將一些在暗網遇到的恐怖驚悚經驗，分享在文章裡，這些經過都是付費觀看一些殘忍的畫面，或是參加一

些暗網裡詭異組織的經驗談，暗網真正的底層世界才慢慢被揭開。

　　這位網友去的第一個網站叫賽翠克思（centrix），這位網友在這個暗網的討論區獲得許多相關知識，並找到進去更深一層世界的門路後，暗網的探索旅程才開始有些驚悚。這討論區的名字雖然比較特別，沒有什麼意義可言，但就觀看其內容似乎沒什麼太多的可怕事物可談，只是一堆熟悉暗網的網友在裡面討論，有點像一般聊天室，也可以互相交換電話或是相關訊息，但有些網友給人的感覺就是很陰沉，例如跟他們打招呼，他們不理人也就算了，有些還說會想辦法查到網友住哪裡，到時將到網友的家找麻煩，這時這位網友才瞭解，原來暗網討論區的恐怖之處，是裡面網友的心態。

　　這位網友在賽翠克思待了幾天後，讀了幾個還算正常網友寫的文章。接著，他進到了一個名為戰慄毫宅（BrinkWarehouse）的討論區。這個討論區的人還算友善，會交換很多的暗網情報，也會透露一些深層世界的祕密，但大多都點到為止。這位網友在戰慄毫宅蒐集到一定程度的資料後，就開始到這些暗網較深層世界的網站去逛逛。

　　接著這位網友去的網站，比前述兩個更為驚悚，較奇特的是，這個網站沒有名字，但就像一個深不可測的網站，這是他在一個名為恐怖空間的討論區裡，認識一位代號叫 socal91711 的網友所提供的訊息。原本 socal91711 並不是很信任他，主要是太多警察在上面假扮一般民眾，誘使其他人進行一些違反法律的行為，爾後再把這些人抓進大牢，所以他費了非常大的力氣，才獲取 socal91711 的信

任。兩人聊了一些暗網的話題與祕密,最後 socal91711 跟他說了另一處暗網的網站,但網站的內容或如何進入等資訊,要另闢私人聊天室對談。

這聊天室要花 0.1 比特幣,依當時匯率來算,大概新台幣六百至一千元。由於此聊天室非常隱密,因此 socal91711 在裡面花了約四十分鐘的時間,告知他如何進到這個網站。由於暗網網址大部分是亂數,他只記得這網站的網域名稱,其中的一段是 7701,之後他都稱此處為 7701。這個 7701 需要會員引薦,而 socal91711 就是會員,因此引薦他進去。

7701 是個隱密又很小的網站,會員數不多。原本這名網友納悶,這麼小的網站如何生存,但後來參加會員,進去看了網站所提供的內容後,才發現原來這麼做是有其原因。 7701 的會費約 1.588 比特幣,約新台幣一萬五千元。進去後,會不斷地確認個人的身分,這些措施應該是要躲警方人士的查緝。他透過網路付款機制,付了會費及填完資料後,終於進到這個神祕的網站。

首先,在他的電腦螢幕中間,出現的是一個小型視訊播放器,有點像 YouTube。接著播放器出現一個畫面,就是一個桌子,中間擺著幾把利刃和幾個打擊用的鈍器。播放器的下方出現一排字,寫著「二十歲、女性、正在睡覺中、建議:死亡」。在這個播放器的左邊有個小牌子,寫著 2.25 比特幣,而小牌子下方有個計時器,正倒數計時著 11 分 51 秒、11 分 50 秒、11 分 49 秒,不斷地讀秒中。在下面有一個小欄位,出現了一組數字 88/100,過了幾秒鐘,這數字

跳到 89/100。這時他大概瞭解這是什麼意思了，心中不禁害怕了起來，但又好奇地想看下去，於是他壓抑著恐懼的心理，繼續看下去。

原來前面的數字代表有多少人付費想看，後面則是預計要達到的目標人數，這個表演才會開始。這名網友跟大多數初進到暗網的人一樣，心裡是既擔心又害怕，但眼睛卻不願離開螢幕，手指更是不斷地移動滑鼠。不過接下來，他看到播放器下面又跑出另一排字：「快點來看，這部影片只要 0.22 比特幣，僅提供低畫質影片服務」。他再看旁邊的數字，已經來到 799/1000 了。他心想，這部影片比剛才那個便宜很多，於是他充值一些錢後，跟著點下去這排字，數字就跳到 800/1000。然而他等了沒多久，數字就達到 1000/1000，接著畫面變黑，開始轉播實況影片。

在螢幕最下方的倒數計時器跑完 3、2、1 後，螢幕從黑暗轉變為一個城市街道的場景。而這路上的街道商店充滿中東文字，看來場景應該是在第三世界國家。這時有一個戴著頭套的人，在鏡頭前指了指一個角落，攝影師便跟著這人走到他所指的方向。在這城市陰暗的角落裡，有一個全身穿得非常破爛的人躺在地上，很明顯地，一看就知道是一名遊民。

這位戴頭套的人又在鏡頭前，指了指街道旁的一部車，上面坐了三個戴著頭套的人。他揮了揮手，這三個人迅速地下車，走到遊民的面前，包圍著他，並確定他沒有辦法逃跑。雖然畫質不是很清楚，但其詭異的程度，足以讓這位網友感到毛骨悚然。這時戴頭套的人手一揮下，這三個人開始拳打腳踢這位手無縛雞之力的遊民。

在一陣群毆後，戴頭套的人比了一個割喉的手勢，這三個人便開始從衣服裡拿出類似利刃及鈍器，往遊民身上攻擊下去。其中一個人先用刀砍下遊民的一隻手臂，另一個人則砍下一隻腳，只見遊民斷肢處鮮血直噴，另一個人則拿鈍器往遊民後腦重擊下去，遊民後腦噴出不知是血還是腦漿的黏稠液體，血淋淋地噴到地上、牆上，還有這些人的衣服上都是，遊民也當場倒地不起。這名網友看到這裡就已經看不下去，直接把電腦的插頭拔了。他整個人呆住了好長一段時間，心情才開始平復。如不是他親眼看到，實在很難想像有這種慘無人道的事發生在這個世界的某一處。

這名網友最後一次進的暗網網站，叫「糖果神殿（Hard Candy）」。在暗網裡，所有的小孩都稱為糖果，可想而知，糖果神殿是什麼場所了。這個地方充斥著兒童色情片或照片，也有讓一些戀童癖的愛好者聚集聊天的討論區，例如有個專門拍兒童色情影片的導演，他就在上面分享拍片的心得及樂趣，他所形容的場景如同《索多瑪120天》一樣，只是索片是拍電影而已，但這導演拍的是真實影片。這個討論區有這些孩童的介紹，他算了一下，共有二十位孩童，而這些孩童應該都是被誘拐或是從人口販子那邊買來的。其中他看過最殘酷的是一名十一歲女童，總共拍過近一百部色情片。當然他對這些沒有興趣，看了一看就不再接觸了。

以筆者與這位網友的經驗來說，暗網只是把這些人性的黑暗面，赤裸裸地擺在大家的面前而已，大家可以不知道或假裝不知道有這些事，但它並不是不存在，而是可能在地球的某處正進行著這種恐怖行動，提供暗黑式娛樂。很多我們以為出現在小說、電影或漫畫的情節，它在暗網真實地上演著，甚至我們在大銀幕上見到的美式虐殺恐怖電影，很多都取材自暗網真實故事。

暗網的文件天堂網站，食人食譜文件檔。

# 伊斯蘭國的紅色刑房

ISIS Red Room

DATE: _____
SERIAL NO: _____
SECRECY DEGREE: Danger!

在暗網或在國外論壇曾有流傳伊斯蘭國要直播戰犯行刑室，這個直播的網站被稱為「紅色刑房」。經確認，這紅色刑房網站是存在的，目前仍可以進去。

進到紅色刑房的首頁，會出現一個斗大的標題，寫著「殘酷直播」，還有一個戰犯的照片。上面寫著 8 月 30 日成立，並放上直播的連結，而這連結似乎仍在籌備中。接著就是兩個聊天室的連結，由於該網站的聊天室仍在建置中，它會先讓到訪者暫用其他網站的聊天室。

該網站介紹他們是伊斯蘭國的成員，建立這個網站的樂趣，是想直播給全世界看他們如何對待這些戰犯。他們認為對待戰犯要極盡所能地虐待，因為他們將從中得到快感。紅色刑房是建立在這個國家內的一個隱密之處，獨立於其他戰犯囚禁區，每一段時間會請總部將戰犯送過來，現場直播虐囚的視訊。

他們很驕傲地在網站宣布，從開站到現在，已經虐死了兩名戰犯，伊斯蘭國還會再運送三個過來，這是他們自找的，戰犯沒有生存的權利，這些戰犯被送到這裡來，唯一的終點就是死亡，在戰犯

斷氣前，他們都不會罷手。因此這邊又被稱為中東的死亡集中營，但比過去死亡集中營更為殘酷的是，他們會不斷地用刑具對戰犯施虐，例如他們會餵這些戰犯吃狗食或生肉，逼他們喝尿。假如不吃，他們會用利刃、鈍器等武器來打這些戰犯，用各種方法逼他們吃下去。

他們認為，活在這個戰爭世界，除了虐待犯人外，就是殺戮，意即不是殺人，就是被殺，所以這是他們的樂趣之一。同時，這個網站免費讓一般大眾觀看，因為他們也想展示給其他反伊斯蘭國的人知道，只要是反抗他們的人，下場就是這麼慘。

另外，他們將此網站稱為伊斯蘭國的 Instagram，主角就是這些戰犯，且表示這些戰犯自稱是神所派來拯救中東國家的士兵，意指基督教國家來侵略他們，因此他們要給這些士兵教訓，並讓世人知道，到底誰才是替真神行道的任務。

由於在暗網內，他們的身分不受約束，也不會受到法律限制，所以這些人可以為所欲為，然而這只是暗網的一小塊，因為在全世界，有許多類似紅色刑房的網站，存在這個恐怖的暗網世界，其中最有名的就是以更殘忍地虐殺直播的「影網紅色刑房」，以及進行慘無人道的現場直播人體實驗的「暗網人體實驗倉庫」。

暗網上的 ISIS 紅色刑房網站。

# 人間煉獄的影網紅色刑房

Shadow Web Red Room

DATE: _____

SERIAL NO: _____

SECRECY DEGREE: Danger!

除了伊斯蘭國紅色刑房外，還有一個更為恐怖殘忍的影網紅色刑房（Shadow Web Red Room）網站。這個紅色刑房的網頁，是以一個被虐殺至死的女性屍體為背景，這名女性不但被殘忍殺害，甚至她還抱著自己被拉出來的小腸，這個背景也替此網站下了非常直接的註解。

影網紅色刑房網站首頁，就說明這網站是提供虐殺直播服務，每一週同一個時段，只要預購的客戶達到一定數量，就會開始轉播。由於此網站是建立在影網（Shadow Web）之下，也就是前面所說的九級網路層的第五級，瀏覽器需要做特別的設定，才可以進到此網站觀看表演。要觀看所有的直播，首先需要寫申請書，寄到網站上的電子郵件內，由於此電子郵件是以 .onion 為結尾，因此需要用暗網的電子郵件來寄。接著網站人員會聯絡客戶，要求客戶付費成為會員，付費的方式就是採用比特幣來轉帳，會員費為 0.5 比特幣。

經過網站人員確認收款後，他們會發一組帳號、密碼，以及告知虛擬私人網路的 IP 位址，同時他們也做足保密機制，以防國際警察或 FBI 人員找到他們真正的位置。

在每週推出新節目前，會以電子郵件告知客戶，有關表演的方式與內容。不過由於這網站的做法讓不少人非常反感，因此曾受到一些駭客攻擊，駭客假扮為客戶，取得進入的方式後，利用漏洞來獲取客戶名單，客戶的身分差點曝光，使得此網站後來增加更多的防護措施。網路上有幾位網友分享看過的恐怖經驗，特別是影網紅色刑房網站在萬聖節時，所推出一場恐怖實境秀。

這個影網的網站需要以火狐瀏覽器（Firefox）來觀看直播，在登入後，畫面下方有個計時器，開始倒數計時。在等待節目的途中，右上方會有個畫面，播放過去影片的精彩片段，倒數結束時，整個畫面會全部變黑，出現數排英文警告語：「接下來的畫面非常恐怖與噁心，假如你認為你無法承受，請現在選擇離開，反之請馬上進入。」

在警告語下方有「進入」、「離開」兩個連結，當客戶按下進去的連結時，畫面會出現一個房間，這時要看客戶的連線品質，假如品質不佳，畫面就會延遲得非常厲害，尤其在影網中，連線品質更為重要。接著一名頭戴著面罩，手上戴著手術用手套，身上穿著屠夫衣服，身材矮小的人，將一張鐵床推到房間的鏡頭前，此時可清楚地看到一名女子躺在鐵床上，手和腳被緊緊綁住。這名女子還不知道將發生什麼事，但她的表情顯得非常驚恐，然而從這名屠夫般穿著的人推出一些器具後，包括鋸子、手術剪、剁刀、鎚子等金屬工具，大概可以推測接下來的發展。

屠夫先將鐵床立起來，讓這名女子全身以豎立的方式，展現在鏡頭前。當屠夫拿起其中一樣工具時，這名女子開始尖叫了起來，由於她狂叫不停，這名屠夫似乎很生氣，拿起鎚子往這名女子的嘴巴打下去，瞬間她的牙齒掉了好幾顆，嘴唇也有些變形。這名女子開始哭了起來，接著這名屠夫一隻手拿起手術剪，另一隻手伸到女子的嘴巴裡，抓出舌頭，用手術剪狠狠地剪下去，舌頭當場斷成兩截。

　　這時有另一名穿著屠夫裝的人走了進來，這名屠夫的體格非常壯碩，看起來像是助手，他走到女子身旁，把女子的頭固定住，那位身材矮小的人，拿起利剪往女子眼睛剜下，女子的眼珠掉了下來。由於女子沒有了舌頭，只能發出垂死掙扎的乾吼聲。這位矮小的人低頭看了看一息尚存的女子，就順勢把另一隻眼珠挖了下來，接著畫面一片漆黑，螢幕上寫著「下半場準備中」。

　　在幾分鐘的暫停後，畫面重新回到螢幕，還是那兩位屠夫與那名女子。比較壯的屠夫用繩子綁住女子的脖子，似乎不是想勒死她，而是固定用。此時矮小的屠夫拿起鋸子，朝女子的四肢割去，他先把兩隻手臂割下來，再用鋸子朝大腿處切割。因女子的脖子被綁住，所以她雖然以豎立的方式呈現，但不會掉下去。

屠夫此時再察看她的氣息，雖已奄奄一息了，但仍未斷氣。他示意那位壯碩的助手，把鐵床轉成橫向，接著他趁著這名女子斷氣前，拿起利刃，從女子的胸部開始往下割開，一直到肚子才停下來。他在鏡頭前，將女子的器官拿出來把玩，這名女子看起來應該是死去了。在這名女子死後，矮小的屠夫先離開了房間，由壯碩的屠夫將女子的屍體或殘肢，用大型黑色垃圾袋給包起來，接著畫面再度進入一片漆黑。

這只是影網紅色刑房的其中一種表演，客戶可以選擇以付費方式，決定這名女子的下場，例如火刑、砍頭，或是進行這種像凌遲般的酷刑。甚至有其他見過此片的網友透露，有時這個網站還會用競標的方式，將殘肢標售，得標者可以得到這些殘肢，或是決定這些殘肢的處理方式。有一些嗜吃人肉的族群，被稱為「食人主義分子（Cannibalism）」專門收購這些殘肢，甚至他們會不惜出高價競標這些人肉，原因有二，一是他們不用想辦法尋找人肉的來源，這邊就可以送上新鮮的人肉；二是他們在觀看完令他們興奮的虐殺人類鏡頭後，可以享用這些美味的大餐，這讓他們有非常高的滿足感。

正常人看到這些場面，應該會覺得非常噁心，但在暗網中，許多人花大把鈔票，就是為了看這些虐殺的畫面。因為這個網站有連線計數器，大部分的表演要有數百人至一千人觀看，才會開始演出。而這些紅色刑房的受害者（又稱為獵物），除了由工作人員到處抓遊民外，從人口販子買來貨物，甚至誘拐妓女、孤兒等，都是來源。

有位深諳此道的網友在論壇透露，這類型的工作收入很高，特別吸引一些想要馬上賺錢的年輕人，在金錢的誘惑下，年輕人們都賣力地去抓獵物。另外，還有一個陰謀論，就是因為遊民與孤兒是部分拖垮西方國家的財政負擔，因此對於這些人的失蹤，表面上是會去找出來，但實際上則是替警察們減少一些麻煩。所以就算傳出這些不道德的交易，警察也不會主動去偵辦，除非這些事情浮上檯面，否則沒人會去管這些遊民、孤兒、妓女等社會邊緣人的去處。

影網紅色刑房驚悚的首頁。

# 慘無人道的人體實驗倉庫

The Human Experiment

DATE: _____
SERIAL NO: _____
SECRECY DEGREE: Danger!

要說到網路上最獵奇的照片或影片網站，在表網上有 Liveleak、Bestgore 兩大網站，這兩個網站專門讓一般人貼獵奇的照片或影片，其殘忍度大概在表網上排名前兩大也不為過。但在暗網也有類似的網站，且不勝枚舉，其中「人體實驗倉庫」是佼佼者。

人體實驗倉庫是一個直播人體實驗的網站，他們專門找一些遊民或第三世界國家的人民來進行藥品人體實驗，有時也會向人口販子進口一些被誘拐的人。找這些人的理由，跟一些現場直播的虐殺網站一樣，因為是被社會拋棄的一群人，所以就算失蹤，都不會有人在乎。由於是現場直播，同時也可以購買重播，所以吸引許多人參觀。

這種直播虐殺系列的網站僅在暗網中播出，主要是因為一來可以隱藏真實地點與身分，甚至網路警察都找不到他們真實位置，二來他們利用虛擬貨幣的比特幣來交易，既可以加密，也可以隱藏其帳戶真實位置。不過近期比特幣頻出現弊端，所以有些交易網站直接採用歐元或美元作為交易單位。

在暗網上，身分的隱匿非常重要，由於這些直播虐殺網站都需要註冊成會員，大部分都是騙取個人資料，所以除非是非常信任的

網站，否則很可能淪為詐騙集團的肥羊，被騙取金錢是小事，被盜用個人資訊才是大問題。

這個人體實驗倉庫的場景，就是在一間不知名的倉庫中，這倉庫的地點非常隱密，幾乎沒有任何線索可以查出其位置，場景裡面除了開刀用的手術檯外，還陳設了許多手術設備，如手術刀、手術剪等，也有許多針頭，他們甚至將人體作為培養細菌生物的實驗體。這網站的主標題寫著「不是每個人生來就平等，部分人生來就是要踐踏他人」，此標題的意思是說他們天生就擁有著生殺大權，而被他們實驗的人，則是生出來就任人宰割。

在這網站的關於我，寫著非常詳細的實驗方法及成員的特別技術，當然不會透露成員的身分。內容寫著：「在這網站裡，將會展示多個以人體為主的實驗，其所選的人體，絕對都是遊民或偷渡到這個國家的無身分市民，因此就算有人因實驗本身而死，也不會被警方查到。」這個網站地點建置在未知的國家，但有人懷疑，其倉庫位置是在美國本土，原因是裡面所用的英文拼法是美國人慣用的拼法，而不是歐洲或加拿大等國家的拼法，因此斷定成員為美國人，並在美國本土。

這個實驗的測試方法，包括禁食、禁飲水實驗、活體解剖及疼痛容忍度實驗、細菌對於細胞組織的傷害實驗、移植實驗、藥物實驗、血液淨化實驗，以及輻射、熱能、壓力實驗等。雖然這些實驗已經在醫院進行過，但醫院僅只用在動物身上，這個網站是直接在人體上實驗，並暗中進行，以免遭到警方人士查緝。

人體實驗倉庫還有一個特別服務，假如有人願意付全套費用，也就是將全部實驗看完，則有機會選擇被實驗體。當然被實驗體的名字不會被揭露，每個人都有編號碼供參考，但可以選擇性別、年紀、人種、膚色、高矮胖瘦等特徵。參與實驗的工作人員包括護士、醫藥系學生、實習生及醫生。這網站會訂定一個直播的時間，當客戶用比特幣付完款後，選定一個時間，這些工作人員會做一些事前準備，待時間一到，就會開始表演。

有些在暗網見過影片的網友述說過活體解剖的內容，該網友指出，當實驗體被推進倉庫後，會先抬到手術檯上，待被工作人員五花大綁後，鏡頭開始放映，付費的會員可以透過電腦，觀看現場直播。由於付費的會員想要看實驗體掙扎的鏡頭，因此實驗體會在無麻藥狀態下，進行白老鼠式的解剖。

首先實驗體會先被醫生切開手臂，此時可以見到血管跟脈搏在跳動，實驗體於此時會痛得不斷掙扎，但因為被綁得很緊，所以幾乎無法抵抗，只能痛苦地扭著身體。接著再割開實驗體的腿，也是一樣看到血管、骨骼等。醫生在一旁不僅僅是解剖，同時會向在場的實習生和電腦前的會員做解說。

接下來，醫生會用手術刀，從實驗體的喉嚨下方開始劃下去，一直到胃上方為止。實驗體到這時還不會馬上死亡，但會痛暈過去，接著醫生打開實驗體胸腔，再進行一次教學。通常醫生教完這一步後，實驗體也會痛暈，最後死去。另外，還有將人體的手腕割開後，觸動手腕的神經，以試驗那條神經控制哪根手指，諸如此類

的恐怖行為。這個網站的宗旨是，實驗體最後的結局就是死亡，在死亡的過程中，盡量滿足會員需求。

對於死亡的屍體，這個網站的處理方式更為恐怖，他們會先解剖屍體，並像牛、羊、豬肉一樣，按照部位切塊，再去骨或去毛等，處理完畢後，透過地下管道，送去肉店。換句話說，那網站所在位置附近的肉店，很有可能是被實驗後的人類屍體，類似歐美版人肉叉燒包。經過妥善處理後，買到這些肉塊的人是不會察覺有異。

這個倉庫有守衛二十四小時看守，而每個實驗體會被關在一個小牢籠裡，類似寵物醫院。有專門的工作人員提供食物及水給這些實驗體，讓他們能夠維持基本的生活機能。基本上，他們是不會管實驗體的健康狀況，除了一些孕婦外，如果實驗體生病了，就會讓這實驗體病死，爾後再處理掉。

這個團體的網頁列了幾名實驗體的檔案在上面，例如實驗體編號 4432、十七歲的女性、沒有動過手術、沒有疾病，接著就列出實驗的時間，以及實驗的內容，如注射多少的細菌體等。

這個團體總共建立了幾個倉庫，沒有人知道是否聚集在一起或是分散在各地，但每個倉庫都有獨特的功用，例如一號倉庫，專門進行十六歲以上的女性實驗，其中還包括懷孕婦女。當然實驗的對象不僅只於懷孕婦女本身，還包括體內的胎兒。有些未懷孕的婦女，則會被工作人員逼迫與其他實驗體男性進行性交，以讓她們懷孕，進行懷孕後的測試。

二號倉庫是給男性，據猜測，應也是在十七歲以上的男性，十七歲以下的男性，應會跟母親一起住在三號倉庫。除了這三個倉庫外，目前仍在擴建第四個倉庫。

三號倉庫則是給母親及他們的小孩，然而似乎這個倉庫的主要實驗體是小孩，而不是母親。假如這裡的小孩在實驗前突然死亡或得任何重病，其母親會送到一號倉庫，重新找實驗體男性與這位母親性交，再生出小孩，或直接就住在一號倉庫。

雖暗網出現許久，但人體實驗倉庫僅是近年來的恐怖產物之一。有些人猜測，當年納粹進行人體實驗時，留下許多資料，而在納粹被殲滅時，這些資料也不翼而飛，似乎是被某些人或團體帶走。有警方人士懷疑，人體實驗倉庫可能擁有部分的相關資料，所以才能夠進行相關實驗。另外，日本當年731部隊也在撤退時留下許多資料，美國政府接收了不少，但仍有些資料流落於外，據研判，這些網站的經營者也有很大可能取得部分資料。

比較可怕的是，因為有些國外富豪喜歡看人被虐殘或虐殺的癖好，所以類似人體實驗倉庫的網站不斷興起，除了虐殘他人外，也有自殘的影片提供，過去在暗網的論壇就有傳出有人出高價，願意看部分有自殘傾向的人士直播或錄影，然而這種自殘影片並不是今天才出現在暗網中，早在錄影帶時代，就有地下錄影帶公司販售這類型的影片，只是現在利用暗網科技，更進一步提供直播服務。

筆者認為，這種虐殺行為從古代就已出現，例如一些殘忍的刑罰，但僅只於口耳相傳或一些圖畫，直到照相技術問世，才陸續將這些恐怖的刑罰過程記錄下來，例如清朝的凌遲、砍頭等，都有相片佐證。在攝影技術問世後，很多刑罰的恐怖過程都被實錄下來，如蘇聯的恐怖五馬分屍刑罰，或美國電刑、絞死等過程。

　　現在則透過網路的技術，將這些過程直播，例如伊斯蘭國對犯人的砍頭或坦克將人活活輾死，甚至將人活活燒死等過程，透過網路直播，公諸於世。這種恐怖不僅於口耳相傳間，也不再是都市傳說，已經是散布在每個人的生活間，透過網路直接接觸到的恐怖了。

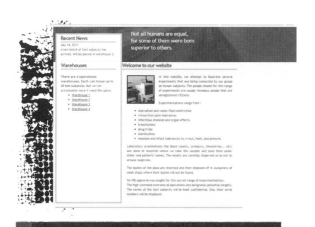

**暗網的人體實驗倉庫網站。**

DATE: _____

SERIAL NO: _____

SECRECY DEGREE: Danger!

# 暗網殘酷洋蔥維基 V.S. 表網殘酷洋蔥論壇

在暗網對於人類的殺戮直播網站已經多到不勝枚舉，既然對人類都有這樣殘酷的對待，何況是其他動物。在「殘酷洋蔥維基」這個網站中，就有這樣虐殺動物的表演影片。網站首頁就開宗明義表示，此網站蒐集各種虐死動物的影片，從兔子、小貓、小狗，乃至猴子等小動物皆有。不過跟一般直播影片不一樣，這網站都是以提供影片下載為主。

其中最著名的一段，就是一位華人女子用高跟鞋將一隻小貓活活踩死，全程被錄下來的影片。該影片是在戶外拍攝，首先女子在鏡頭前面，展示一隻可愛的小貓，接著就見她用高跟鞋往小貓身上踩下去，接著踩小貓的頭，讓小貓的眼珠迸裂爆出，全身被踩到壓扁而死。

這名女子先後推出幾部片，甚至後來推出踩死兔子、小狗的一系列影片。這段影片曾在表網世界的各大論壇上流傳，後因過於殘忍，許多網站不是禁播，就是刪除，甚至警告只要有人敢上傳此影片，就取消帳號，並報警處理。由於表網禁播，所以各界認為此影片不會再出現，但殘酷洋蔥維基卻在暗網拿此影片作為宣傳。

當然此網站不只有這一部招牌影片，甚至有好幾部影片，直接主題就標明「虐殺小動物的方式」，例如天竺鼠炸開實錄、鵝與兔子壓爆實錄，以及壓爆老鼠系列等。有些影片是其他國家的女子，也是用腳踩死小動物，還有虐殺烏龜的影片。殘酷洋蔥維基總共超過一百部影片，與其說是討論區，這更像影片蒐藏區。

　　除了在暗網外，表網也有類似的網站，名字取得非常相近，叫做「殘酷洋蔥論壇」。這個論壇的運作方式就像是討論區，且註冊非常鬆散，幾乎沒有在管理。一般瀏覽者，只要註冊一次，就可以進去看所有的文章及下載影片。而註冊僅需設定使用者名稱與密碼，並留言為何要註冊，接著就能進去瀏覽。

　　這個論壇比過去殘酷洋蔥維基更為恐怖及噁心，因為後者僅由架站者一人提供影片，但這論壇卻是由各地網友提供影片，換句話說，散落在世界各地最殘忍的影片，都能在這裡找到，且此論壇也提供問答區，意即假如有網友提出想要尋找某部影片，就會有網友提供影片內容，且不僅限於虐殺動物影片，甚至網路曾傳出過的幾部虐殺人類的殘忍影片，都可以在這裡找到，其中還包括震撼國際的摧毀迪詩（Daisy Destruction）等。

摧毀迪詩是一部知名的虐童影片，裡面不僅虐童，是由「無限歡樂（No Limits Fum；NLF）這個集團所拍攝，首腦為彼得傑瑞德史庫利（Peter Gerard Scully），前陣子被逮捕入獄，在這部影片集裡，所有兒童都被殘酷地虐待，這幾部影片的內容是以虐待大約六歲的女童為樂，影片裡可見到一名全身赤裸的女子，不斷地搥打或鞭打這名也是全身赤裸的女童，甚至還將女童倒吊起來鞭打與滴蠟燭，整個過程如看性虐待影片一般，只是對象換成一般的女童。這些人任憑女童哀求或大哭，就是不為所動，仍是冷血地性虐待她。

　　然而，在這麼殘忍的環境下，其中有一名兒童於 2013 年拍攝時，就不幸被虐死，彼得等人索性就把這位死亡的兒童屍體埋在片場下面，繼續拍攝虐童影片。這部影片場景據悉是在菲律賓拍攝，被許多戀童癖視為經典之作，曾有人開價一百美元買一個兩分鐘不到的片段，甚至有人願意付一萬美元買整部片。目前流傳在網路的僅剩四部影片，虐死兒童的那段影片已被銷毀多時，但剩下的四部影片，也是看了令人非常驚悚。

　　有些網友會在上面兜售影片，例如有位網友直接在論壇公開宣布，他擁有全世界所有的虐殺影片，總共有 64 GB，開價 1.6 比特幣。他為了防止有一些警方人士調查他，所以他乾脆用比特幣交易比較安全。另外，論壇也提供影片以外的服務，例如有網友在論壇裡，提出想要購買剛出生的嬰兒，他堅持不肯透露需求，但接受任何報價。基本上，這名網友就是人口販子，他甚至不諱言，要將嬰孩送交給中東國家，很多人因此而懷疑他是受到伊斯蘭國的委託來購買嬰兒。

殘酷洋蔥論壇雖處於表網，但因內容涉及不法，甚至有可能會被 FBI 追蹤及調查，因此真實網路位址是隱藏的。當一般人於一般瀏覽器登入該論壇後，會再透過代理網站，轉介到真實網址，其真實網址有可能在某個人的家裡，或是在隱密的地點，如此可以避開調查。

　　殘酷洋蔥論壇從暗網轉進表網，代表另一波世界秩序開始崩壞，當摧毀迪詩等這種真實的虐殺禁片，連在表網都可以下載時，有可能讓一些地下虐殺團體，盡起仿效 NLF 拍攝這種人性盡失的影片。

DATE: _____
SERIAL NO: _____
SECRECY DEGREE: *Danger!*

# 不為人知的表網 4chan 與暗網 8chan

---

　　暗網的匿名特性，成為一些無法在表網進行比較黑暗、恐怖活動的人聚集的區域。除了販毒、槍枝等市場外，有些討論區也讓人進行一些表網不允許的行動，8chan 就是一個讓人討論多種非法活動的討論區，例如進行復仇、虐待性行為教導等。

　　在網路上，有 2chan、4chan、7chan、8chan 等討論區網站，這些網站所討論的事都是光怪陸離。2chan 一般是指表網的日本討論區 2ch，或 2chan.net，日本許多都市傳說或社會的一些事件，都可在 2ch 上見到，如同台灣的 PTT 網站。4chan 是一個西方版的 2chan.net，這個網站是給西方人討論日本一些時事的地方，但是 4chan 走向越來越極端，慢慢聚集一些性格變態或偏激的人在裡面發表聳動的話題，甚至有些人在上面的留言及行為，已跟暗網一樣詭異，最令人感到恐懼的是「殺人宣言」。

　　4chan 總共出現過五次殺人宣言，最近的一次是有一位美國男子，在 4chan 討論區上張貼一位女子死亡的照片，這名女子躺在床上，雙手被反綁在背後，臉上的皮已經被全部撕開至血肉模糊。這位貼文者要大家猜這名死者是誰。當時這串貼文驚動全美，由於該男子於網站上透露，死者地點位於賭城拉斯維加斯，於是賭城的警察局動用所有警力查緝該案件。然而，在一年後，賭城警方突然宣布這是個假的案件，換句話說，只是有人在網路上開了個玩笑，該名女性雖仍處於失蹤狀態，但沒有人死亡，這件事就這麼結案了。

不過並沒有人相信這件事是個玩笑，因為警方並未公布開這玩笑的主謀，且如果只是這麼單純，怎麼可能一年之後，突然宣布破案。甚至懷疑這是一起組織性的犯罪行為，如同之前發布的 NLF 組織的手法，他們先在表網及暗網散布一些戀童癖的照片及資料，接著再向人收費，提供一些他們自行錄影的影片。

前述 4chan 的事件也是一樣，事實上，這位男子在貼上該名死亡女子照片時，早已經貼過多位女子的慘死照片，也是要網友們猜測死亡女子的身分。當時大家以為他在開玩笑，直到警方宣布這幾名女子的死訊，大家才知道這是真實的犯罪。其實 4chan 已經算是表網的暗網，只是不像暗網一樣，可以將真實網址藏得非常隱密而已。

4chan 會出現這些虐殺或殘殺的案件，是因為它的主體是西方國家，但談論的是日本議題，如戀童、色情、變態、殘殺等日本的主要話題，都是這個網站熱門話題，可以說是西方人崇日的討論區。也因此，日本一些虐殺漫畫或影片等，藉此網站影響許多西方人，致使有些西方青少年開始學習及模仿，藉以炫耀自己的能力。

7chan 也是一個類似 4chan 的網站，只是這個網站內容以西方國家為主，討論的事物也比 4chan 單純，從一般時事到色情主題都有，甚至有毒品、槍枝的討論，但沒有虐殺等案件出現過。

8chan 雖在表網有出現同名網站，但跟暗網的網站走向及內容完全不同，這邊要介紹的是暗網上的 8chan。不同於表網的是，在暗網中的所有話題及主題，幾乎都是以黑暗或非法的話題為主。 8chan

維持 4chan 的傳統，大部分都是日本一些黑暗文化影響西方青少年的討論區。不過 8chan 的話題雖沒有 4chan 那麼直接恐怖，但有些話題仍遊走在灰色地帶。

例如有個討論的主題為「人民士兵」，這個人民士兵的作用，類似雇用殺手的網站。發文者公開在討論區貼討論串，只要有人願意付錢，他就會替這些委託人去報復他們最恨的人。甚至發文者貼了幾張已經處理過的案件，從單純的戲弄報復，到暗殺此人都有，只要委託人願意付大把的比特幣，他就會依照委託人的要求，進行相關的復仇。

還有一個討論串也是異常恐怖，有一些戀童屍癖的人，在 8chan 發表「性感的孩童屍體」。這個討論串是一些有關對於孩童屍體愛好者聚集的地方，他們會貼一些孩童死亡的照片，但顧名思義，絕不是什麼一般的正常照片，都是一些恐怖的死亡照片，如過去在第三世界國家的孩童遭群殺的事件照片、美國校園槍擊案死亡的孩童照片，甚至一些意外災害而死的孩童恐怖照片等。因為這些人認為童屍是很美的，越多的童屍，他們就會越興奮，這種特殊癖好，實在令人感到非常恐怖。

8chan 處於暗網的討論區，不論是網站本身，或是發布訊息的網友，皆都非常隱密，甚至上去看的網友，也是無法追蹤，因此這網站的尺度比 2ch、4chan、7chan 還大很多，如果說要比較的話，4chan 與 8chan 分別佔據表網及暗網的驚悚討論區第一名。當然，近期還有更多的 chan 出現，不過都沒有像這幾個一樣聳動，只是一般的討論區而已。

筆者認為，很多人有黑暗的一面，這些黑暗面都需要一個出口，在表網討論區對於驚悚、殘忍、變態的話題限制度越來越高時，暗網討論區就成了這些人的特殊嗜好出口，但許多人僅只於看和說的階段，這樣還好，如果直接去做，後果可是不堪設想。例如在部分暗網的討論區，有很多的戀童癖在裡面發表文章，有些會討論戀童癖的照片，有些會討論哪部色情片童星會紅，這種話題僅只於討論其實還沒問題，但有些人就會直接提供影片或照片，最可怕的是有些還是親生父母直接提供性侵子女的照片或影片，令人感到這些血親的異常殘忍。

暗網的 8chan 性感的孩童屍體討論區。

遊走在灰色地帶的 4chan 網站
http://www.4chan.org/

DATE: _____
SERIAL NO: _____
SECRECY DEGREE: *Danger!*

# 暗網恐怖的惡魔召喚實驗計劃影片

在國外知名的幾個都市傳說網站中，曾傳出一些不為人知的計劃，乍看之下，好像是一般部落客的創作，但實際觀察，這些故事都是從真實背景改編過來。例如知名的俄羅斯當局進行的「睡眠實驗計劃（The Russian Sleep Experiment）」、英國當局的「人類血液冷凍計劃（Blood Freezing Experiment）」，甚至美國私人機構在阿拉斯加的「先行者實驗計劃（The Harbinger Experiment）」等。

俄羅斯睡眠計劃是讓幾名囚犯自願當成實驗者，進行十五天不睡覺的恐怖實驗計劃，而在實驗的最後一天，這幾名囚犯變成了另一種形式的人類，也就是把自身恐懼的怪物，從意念轉為具體形象化。英國也在二戰時期進行了一項令人駭異的人類血液冷凍計劃。這是由英國安全局（British Secret Intelligence Service；SIS）執行，但由於過程殘忍，與蘇聯睡眠實驗計劃的結果差不多，實驗人員出現無法解釋的恐怖狀況。這個神祕的實驗，主要是為了培養出非人類（一說是超人類），在蘇聯睡眠實驗計劃中，最後引出的已是人類最深處的惡魔，而英國血液冷凍計劃，則是希望引出人類最深處的能力。

然而，這也是違反自然的做法，最後卻將人類最底層的惡魔意念，再度具體化，出現新的惡魔，因此在計劃啟動後不久，就草草地結束了。詭異的是，所有參與計劃的人員，完全不知下落。有人猜測，這些人被蘇聯或恐怖分子綁架，更有人猜測，所有人在進行完測試計劃後，全數被祕密處決了。

　　美國先行者實驗計劃，則是用另一種方式來喚醒人類心中最深層的惡魔。整個過程是將參與實驗的人類自願者作為一個載體，並用一些方法在異世界中，獲取三個靈魂，再注入到人類實驗體中，並觀察變化，讓這些人類能夠長生不死，成為永遠的靈魂載體。然而，過程跟上述實驗計劃一樣簡單，但所得到的結果也一樣變得無法控制，最後也是將人類最底層的惡魔意念形象具體化，參與的人員也全部被祕密處決。

　　這些是在表網 Creepypasta 出現的故事，雖然聽起來有科幻小說的味道，但事實上，有些網友就認為這絕不可能是空穴來風，一定是根據部分真實記錄而寫成的文章，只是在表網上，不能夠寫得太過明顯，以免遭到相關當局的調查。不過在暗網中，所保存的實驗計劃已不是像上述內容一樣，以書寫的方式表達，而是將所有計劃過程，一五一十地拍攝下來。

在暗網流出的實驗性影片中,其中有部非常詭怪的影片,據發布影片的人表示,在 1973 年,一位不願具名的人士,在他家的閣樓內發現這部影片的 8 釐米膠卷。當時膠卷已殘破不堪,於是找專家修補後,再進行播放,只是當他放出來看時,影片內容卻讓他大吃一驚,原來這整個影片是進行一項實驗。這部影片長度約兩分半鐘,看起來像一名男子著魔過程的紀錄片。

影片一開始,見到一名骨瘦如柴的男子躺在床上,接著鏡頭轉進整個房間裡,先是見到床上沒有人,再來就見到那名男子站在牆邊,很明顯第二個鏡頭跟第一個鏡頭不是同時間拍攝。接著第三個鏡頭出現,這名男子不斷地在地上撿起掉落的指甲,似乎是要吃進去,幾秒後,他抬起頭來,整個人的神情變得像惡魔一樣。第四個鏡頭開始有點可怕,男子全身有了顯著的變化,整個人的骨頭都透過皮膚看得非常清楚。

第五個鏡頭是他非常痛苦地在床上蠕動著,好像有什麼生物要從他的體內跳出來一樣。第六個鏡頭,他痛苦地嘶吼著,那聲音已不是人類的聲音了,而是惡魔的叫聲。第七個鏡頭,他體內的生物不斷地鑽動著,有如異形電影中,小異形在人體內竄動著一樣。第八個鏡頭,男子似乎已經放棄抵抗,躺在床上等待接下來恐怖的命運襲來。

接下來的幾個鏡頭，就看到他開始自殘，從挖破自己的胸部，似乎要挖出心臟開始，再來就是把自己的嘴唇割下來，最後用刀割破自己的喉嚨，看起來就像要弄個洞，讓在他體內的生物出來，影片到此就結束了。

筆者認為，這應該是在進行如東南亞下蠱之類的儀式，在西方就像是將惡魔召喚到人體一樣，是一種想要利用異世界的力量注入人體，這和上述的先行者實驗計劃目的是一樣。然而，人死後成為靈魂到另一個世界是自然法則，如強行違反自然法則，整個自然循環體制，將有崩壞的可能，輕則造成實驗者本身遭受傷害，重則將對世界造成恐慌。

**疑似惡魔召喚實驗計劃影片**
https://www.youtube.com/watch?v=yB7dykXtyOk

# 從暗網浮上表網的禁片

DATE: ＿＿＿＿＿＿＿＿＿＿
SERIAL NO: ＿＿＿＿＿＿＿
SECRECY DEGREE: Danger!

　　暗網並不是那麼恐怖，只是裡面埋了一些比較黑暗面的內容，包括影片、圖、文，甚至故事等。在美國因為擁有槍枝是合法行為，一般人拿來自衛為主，但有一些人就拿來作為自殺的工具。曾經有兩個人在電視新聞直播上，公開用槍對準自己的腦袋開槍自殺，一個是新聞主播克莉絲汀邱巴克（Christine Cubbuck），另一位是美國賓夕維尼亞州的財務官巴德德溫（Budd Dwyer）。

　　這兩支影片，除了巴德的片段版一直流傳外，克莉絲汀的一直沒有找到，但這兩支完整版，都曾在暗網出現。最近因為暗網被美國 FBI 抓得差不多了，一些曾用比特幣買的消失在地表上的影片，也一一出現在表網了，巴德的完整版就被一些人擺上 YouTube，但克莉絲汀的影片，卻仍不見蹤跡。

　　巴德事件的影片曾經被美國政府公開銷毀，當時合該要消失在地表上，但有一陣子，有心人士把片段節錄下來，僅在坊間流傳剪接過的片段。然而有一些人在暗網中，用比特幣買了整部影片，並上傳到 YouTube。不過這段影片不斷地被官方刪除，理由是太過血腥殘暴，但越來越多人上傳，使得 YouTube 一直都保有完整片段。

　　事件源起是因為有人指控賓州許多官員涉及一起貪汙案件，儘管許多人認罪，但他堅持自己是清白的。1987 年 1 月 22 日，在他

要被法院宣判是否有罪的前一天，他緊急召開了一個會議，請來了大批的媒體。他在會議裡宣布，他是清白的，接著抨擊司法系統，並講述他反對死刑的理由。他在宣讀完他的報告後，叫下屬幫他拿出三封信，一封是他對太太的遺言、一封是器官捐獻簽署書、一封是給州議員的信。

當時，所有人都感到有些不對勁，但又說不出來什麼地方不對。巴德這時拿出另一個信封，裡面裝著一把點 357 的左輪手槍。他拿出槍後，許多人感到恐懼，他對著眾人說：「各……各位，如果有人感到害怕，請趕快離開這裡。」

現場警衛準備搶奪他的槍時，他說：「請不要過來，這會傷害到其他人。」當他一說完，便將槍放進自己嘴裡，扣下扳機，往自己腦袋打去，當場死亡。現場媒體居然全程錄影，更可怕的是還特寫，只見腦漿和血從鼻孔不斷流出，畫面至此才中斷。

克莉絲汀在自殺前三週，她詢問了導播是否可以播出自殺的新聞專題，導播以為她有什麼新主意，所以欣然同意。此後，她去了警局，詢問警員有關自殺的一些事。警員告知她，大部分自殺成功的人，都是用點 38 左輪手槍及半切頭彈，對準腦袋射擊。在她自殺前一週，她告知新聞監製，她買了一把槍，準備在直播時，表演當場自殺。這位新聞監製雖然沒有做任何表示，但他覺得這是一個噁心的玩笑，所以他用別的話題打發克莉絲汀。

1974 年 7 月 15 日，克莉絲汀坐上主播檯播報幾段新聞過後，她

突然說：「在 40 新聞台的規定下，我將要帶給觀眾主題為『鮮血與勇氣』的現場專題報導，在這個專題報導裡，觀眾將會見到第一次現場直播的自殺畫面。」當她說完後，她舉起手槍，往自己的右後耳開了一槍，隨即倒在主播檯上。

而電視台的工作人員嚇到不知所措，甚至有人以為她在開玩笑，直到看到她顫抖的身體，才知道這是真的，而畫面也立即轉成黑色，接著播放一些電影。克莉絲汀被送往醫院後，沒多久就宣告死亡。

說到暗網流出的禁片中，有部禁片中的禁片被世人遺忘了，它就是《受生》（Begotten）。相信很多人看過《七夜怪談》，電影其中一段是各角色在放錄影帶時，有一幕畫面是有些人在地上爬行，看似很痛苦的樣子，也有點像在地獄的感覺，這段畫面就是向《受生》致敬。甚至在國外知名的靈異事件討論區網站，幾乎每隔一至兩週，就會有人貼此片的海報，或詢問此片，甚至以為是靈異照片。

《受生》是一部帶有強烈宗教狂熱等級的電影，由伊萊斯梅西居（E. Elias Merhige）所自編自導的實驗性暗黑幻想恐怖電影，於 1991 年上映，片長七十四分鐘。此片計畫以三部曲形式推出，第二部曲片名叫《天堂鳥鳴時》（Din of Celestial Birds），已於 2006 年非公開上映，僅十四分鐘。這兩部片現在已解禁，都可以在 YouTube 上找到。而第三部曲的行蹤仍成謎，伊萊斯梅西居並未公開發表過，有人懷疑是否真的存在，有人說在暗網見過，更有人說消失在世界上，真相只有伊萊斯梅西居知道。

第三部曲會有這些傳說，是因為此三部曲有強烈的催眠意識存在，當看完完整三部曲，心中的恐懼與黑暗，足以讓人瘋狂或精神崩潰。後來許多暗黑影視作品，包括《七夜怪談》等，都受此片影響甚深。另外，篤信撒旦教的藝人瑪麗蓮曼森，也受到此片影響極深，他的許多作品也向此片致敬。

伊萊斯梅西居會拍此系列的原因，據說是他曾瀕臨過死亡，見過死亡世界的景象，於是將死亡世界所看到的景象呈現，但他卻用《聖經》的幾個部分來表達。不過由於過於強調上帝對人類的審判，因此許多篤信《聖經》為教義的國家禁播此片。另一方面，此片顛覆了傳統《聖經》的聖母生子一事，也受到許多天主教或基督教人士視為異端或邪惡的化身。

此片取名為「受生」，其實在暗諷《聖經》約翰福音 3:16 的一段話：神愛世人，甚至將祂的獨生子賜給他們，叫一切信祂的，不至滅亡，反得永生。其中的獨生子，就是用受生一字，代表神親自生出的孩子。簡言之，就是神賜祂的生命與孩子給世人。

此片一開場就是一名男子一直在割自己的肚子，讓內臟和血都流出來。這在隱喻上帝取出祂的器官，造出地球。而地球之母在流浪的途中，接受了神的精液，懷了地球之子。接著一群教徒帶著她去生產，生出來的就是地球之子。地球之子拖著他的臍帶流浪時，被一群無臉之人抓走。地球之子在被一群人抓住時，突然將他的器官嘔吐出來，這群人視他的嘔吐物為聖物，結果這些人把他丟進火裡，想要燒死他。

然而地球之母沿著臍帶找到了他，想要救他出來時，卻被這群人給強暴了。後來又出現一群人，把地球之母抓住，並支解她。接著又把地球之子抓住，也支解了他，最後這些人將他們兩個埋了起來，而埋葬之處，則出現了鮮花。

　　第二部曲片名叫《天堂鳥鳴時》，片長僅十四分鐘，於 2006 年推出，影片是在述說一群人殘忍地殺死地球之子後，地球之子在天堂中徘徊，最後再重新降臨人世間復活，意指耶穌被羅馬人害死後，再度復活的故事。由於本片也是運用大量的黑白色，以及閃爍的片段，其宗教狂熱的暗示更為強烈。而第三部曲原本已拍攝完成，但導演伊萊斯梅西居基於某些無法透露的原因，遲遲不肯公開，也讓受生三部曲蒙上了更神祕的色彩。

　　據筆者過去接觸網路的經驗，網路剛興起時，許多錄影帶或光碟片的片源，全部湧向網路，有些人喜歡免費散布，以展現自己挖掘地下消息的能力，有些人則走使用者付費路線，故意用這些影片來賺取金錢。接著一些國外衛道人士出現，並要求政府嚴加管控網路影片，此一清網浪潮，讓許多播放非法影片的網站紛紛關門，這些網站轉而走向一些灰色地帶，最後走到地下，也就是暗網。

　　然而在 2010 年後，似乎有股網路解放浪潮，這些地下的禁片又再度浮上表網，甚至在 YouTube 都可以見到，更遑論其他的影片空間。因此，只要找對關鍵字，幾乎不用去暗網，就可找到過去消失在表網的禁片。有些影片放在免費空間裡，有些則放在影片網站裡，除了 YouTube 外，Dailymotion 等，也是以審核寬鬆著名的影片網站。

**巴德德溫自殺影片**
http://www.dailymotion.com/video/x32el73_budd-dwyer_news

**電影《受生》**
https://www.youtube.com/watch?v=lHXgNn18z90

**電影《天堂鳥鳴時》**
https://www.youtube.com/watch?v=XCnp63TbxXw

# 暗網的掮客網站

DATE: _____

SERIAL NO: _____

SECRECY DEGREE: Danger!

　　某些重大的國際性比賽，往往都會出現一些關鍵性的判決，讓贏的球隊突然輸掉，特別是有開賭盤的比賽。像美國職業籃球就曾發生過裁判受賄，以人為方式影響比賽結果，而這些都是可以看得見的案件。有些案件則是在暗中交易，例如美國高中、大學比賽，或是小國家的國家級比賽等，甚至常看到的賭馬比賽等，都可以在暗網買通裁判。

　　很多人會有疑問，裁判怎麼可能會上暗網跟操盤手交易。事實上，裁判當然不會上暗網，而是掮客在暗網建立這種服務。這種掮客網站的消息會流出來，是因為國外知名的幾個論壇，裡面有幾個國外的網友談及近期賭賽都會贏，勝率高達 100%，這時網友當然會詢問明牌。有些口風非常緊的網友，是怎麼都不會透露來源，但有些人隱約地說是暗網的一些掮客網站。

　　每個掮客網站所提供的服務都不一樣，但都大同小異。舉例來說，某個掮客網站會先列出幾種比賽性質，假如某個籃球賽與 A 網友有關，A 網友可以點進去此比賽，看裡面的說明，接著會看到作弊的場次及收費說明，通常是 0.5 至 1 比特幣。當 A 網友付費後，就可以看到該比賽應該要押的組合。

由於國外對於比賽作弊查緝非常嚴密，因此有能力做到的人，並非泛泛之輩。捐客的任務，就是買通裁判，或是賄賂，甚至主辦單位都有可能一併買通。假如裁判或比賽單位無法買通，捐客會威脅這些人，甚至動用黑道來擺平。

國際足球總會於 1994 年的比賽中，有一名哥倫比亞球員安得魯艾斯克巴，因誤踢球進到自己的球門，造成哥倫比亞輸球。過了數天，他就於自家門口被槍殺。據當時警方推測原因，是他那球影響比賽結果，原本哥倫比亞隊是大熱門，卻被這一球踢到淘汰，有些黑道因此輸了巨額賭注，憤而槍殺他。另外還有一種說法，就是當時地下賭場已買通裁判，談好比賽的勝負，結果這一球影響了結果，黑道因此而殺了他。在那時還沒有暗網，但其內容就類似暗網上的捐客網站。

網路上最知名的捐客網站，就是「買入調整賽事（Fixed Match Buy-In）」網站，在這個網站中，專門以歐洲知名的足球比賽賭注為主，並保證回饋最少兩倍的賭注回來。一次下注最少為兩萬美元，最多無上限，不管下注多少，賭注的一半金額為服務費，意即下注兩萬美元，最少會贏四萬美元，其中一萬美元為該網站的服務費。在贏得賭注後，該網站會將錢轉換成比特幣，匯入賭客帳戶，但由於比特幣的匯率太亂，因此他們用自己設定的匯率標準來轉換。

買入調整賽事網站，並非採用上述威脅裁判或比賽單位的手段，而是該比賽單位就是一個操縱比賽的組織，專門打假球或進行其他作弊手法，該網站是說取得比賽單位的內部消息來源。不過有人懷疑，該網站就是由幾個比賽單位出來自行開設的網站，以賺取龐大的服務費。

部分掮客網站不僅提供作弊服務，甚至也提供其他服務，如看演唱會或球賽等，門票賣完時，這些掮客會提供入場服務，這跟黃牛票不同的是，他們會有人在會場側門暗中接應，在對好名單後，負責接入會場內，再被帶入內應工作人員準備好的包廂觀看比賽。其他如協助偽造身分證、假鈔、行車駕照等，都是掮客提供的服務，總之，這些服務沒有一項是合法的。不過跟其他暗網服務比起來，至少殘忍度少很多。

筆者在瀏覽了這些掮客網站後，認為這些網站所做的事，其實在現實生活中就出現了。在美國某些職業球賽聯盟就發現了許多作弊的跡象，當然這可能是這些球賽聯盟委員會或主席所下的命令，暗中操縱裁判，讓比賽更有張力，或是以其他方式來讓賭局對聯盟有利，而暗網中的掮客網站只不過是共犯之一。

DATE: _____
SERIAL NO: _____
SECRECY DEGREE: Danger!

# 一個絲路沒了，卻出了千千萬萬個絲路

　　在暗網裡，絲路是一個知名的黑市市集，在這個市集裡，充滿著黑暗、不道德、罪惡的交易行為，只要有比特幣，就一定可以買毒品、下載變態性影片，或是雇用殺手等，幾乎能想到的違法交易，都會在這裡看見。在比特幣崩盤後，有些供應商已開始收美金或歐元。然而，絲路老闆羅斯烏布利希因涉嫌雇用殺手，暗殺特定對象，在舊金山被警察逮補後，整個絲路就瓦解了。雖然一個黑市市集瓦解，但隨即而起的是更多的黑市市集成立，進行更多不為人知的違法交易。

　　絲路過去在暗網是非常熱門的一個黑市市集，進化到了版本 2.0 後，由於本身過於高調，創辦人到處發表他的成果，這在暗網是最忌諱的事，因為已經是在進行違法行為，又高調到處宣傳，所以被 FBI 盯上。再加上創辦人違法被補，致使絲路網站被 FBI 親自封鎖。

　　理論上，絲路被查封後，應該要消失才是，但最近卻出現絲路 3.0，就筆者所得到的情報顯示，此黑市並非由羅斯烏布利希或其相關人員建立，為一個山寨版的絲路，但裡面違法交易品，可是一點也不輸給原始網站。在進到絲路 3.0 後，需要有帳號密碼，才可以進去瀏覽市集內容。由於暗網已是將所有人的身分改為匿名方式進入，因此除非交易，或買賣兩方互相透露身分，否則在暗網裡，幾乎不可能找到對方。不過有幾個暗網的論壇，裡面有網友對於絲路

3.0 非常不滿意，因為交易的賣家大多是騙子，常常在買家付款後，賣家不寄貨品過來。目前絲路 3.0 的名聲，並不如其他黑市市集好。

絲路不僅在美國，甚至連俄羅斯都有俄文版的絲路。在暗網中，最熱門的幾個語言有英文、俄文、法文、德文、阿拉伯文等，除了英文外，俄文應算是第二語言。由於俄羅斯及東歐國家常年動盪不安，因此非法生意到處可見，暗網也是這些非法族群活躍的地方。

俄文版絲路其實也是一個山寨版絲路，主要的銷售對象為東歐或俄羅斯人。這網站也是從毒品到槍枝，甚至偽品都有販售。網站是以討論區形式建立，點進去任一討論串後，會有相關的賣家介紹他們所提供的服務，例如「重度違法服務組織」，從名字就可以看出提供的絕不是什麼合法服務，他們所提供的服務大部分是偽造證件，或是偽造信用卡，甚至駭客服務等。

除了山寨版絲路橫行外，在目前幾個黑市中，有幾個較知名的黑市市集經營得如火如荼，絲毫不受原版絲路被 FBI 查封的影響，只是這些黑市經營者的共通點，就是不再高調宣傳，且極盡隱藏自己身分，這也可能是受到絲路創辦人被補的影響。

在這些後絲路時代的黑市市集中，「中土市場」是比較有規模的黑市市集，裡面陳列的商品數量雖不及絲路這麼多，但仍舊是以販賣大量非法物品為主，這個討論區並未對會員有太多的限制，只要進去註冊一下，立刻就能取得帳號，當然他們也不會對註冊者進

行嚴格的審核機制，不像在表網申請市集帳號，要有電子郵件、電話號碼等回傳驗證號碼，進行審核。

　　基本上，只要設定帳號、密碼即可，雖然這樣做是可以省去許多註冊者的麻煩，甚至可以隱匿其來源，但對於買賣雙方的保障就薄弱許多，因為彼此見不到雙方情況下，又無法面交，更不知對方身分，要交易時，就必需要賭運氣。此外，一般來說，黑市市集怕被查緝，會隨時更換網路名稱，以躲避查緝，較令人驚訝的是，中土市場不會隨時更換網路名稱，似乎認為不會影響到他們，甚至還建立討論區，讓有興趣的網友在裡面進行討論，當然話題不外乎毒品或槍枝等。事實上，如中土市場的黑市市集也越來越多，在這些黑市市集裡，想要進行正當交易，幾乎是不可能，只是裡面詐騙充斥，輕則損失錢，重則可能會被警方拘補。

暗網的山寨版絲路 3.0 網站。

DATE: _____

SERIAL NO: _____

SECRECY DEGREE: _Danger!_

# 來自馬里亞納深網的恐怖訊息
# 與表網中的暗網

在暗網的網路層面與一般架設網路的 OSI（Open Systems Interconnection Reference Model）七層架構不同，表網與暗網的架構是以平行方式來進行，意即網友只要接上網路線，就可以進到表網或暗網，只是表網像是路邊的公園，隨便讓使用者逛，但暗網則是像收費的鬼屋，進去之後陰森森，伸手不見五指，要自己摸索，有時會被嚇到。

在暗網的幾個層面中，第五級之後，就已經很難再進去探其資料，能夠進去只是得到一張入場券而已，裡面的祕密幾乎是無盡的，除非有人帶領或取得一些關鍵字，否則是無法得知其祕密。其中原因在於大部分是走虛擬私人網路，所以非常不容易進入。而就算進入，也沒有搜索引擎可以讓使用者找出資料。所以很多人雖然用了 Tor 瀏覽器或 VPN 進到暗網，但下一步就不知道該怎麼做了。雖然暗黑維基等索引很好用，但很多連結因為浮出檯面，馬上就被相關單位追查，或很快轉網址，以規避追查，以致於這些連結很快就進不去了。

不過拜很多國外好奇心非常重，且又有門路的網友所賜，許多埋在馬里亞納深網（Marianas Web）的資料、影片、照片等，都一一被挖了出來，甚至分享在各大社群網站中，但也很可惜的是，因為

這些照片或影片過於聳動，最後社群管理員不是刪除影片或照片，就是直接砍了這些熱心網友的帳號；但部分口味很重的表網，仍允許這些影音資料留存，最著名的就是 Liveleak 和 Bestgore 兩大網站，特別是 Bestgore，可稱為表網中的暗網。

馬里亞納深網則是一個大型的群組合體，以 .clos and .loky 網址作為結尾，目前用 Tor 瀏覽器是可以進去，但很多入口都進不去了，可能跟最近 FBI 和國際刑警一直抓暗網有關。

暗網與表網的一些禁區網站大不同處，在於暗網的恐怖展示，如之前所說的獵人遊戲等，都是主動式殺人或虐殺，但表網僅是轉載這些影片，等於一個是主動式真兇，另一個是被動式幫兇，論血腥或殘忍度，兩者是不相上下。經過多年的曝光，暗網早已不是祕密了，然而很多人進去後，不斷地點裡面論壇的連結，找到更深層的訊息後，往往自身陷入不可自拔的境地，被暗網的神祕、恐怖、血腥內容所吸引。

當然，這也是暗網經營者的目的，讓許多人不自覺地越陷越深，從買毒品、槍枝、偽造證件等，到看真人屠殺虐殺秀，都是暗網經營者迷惑人心的招式。亞洲網友還好，比較不願意付比特幣看一些秀，但國外的網友，卻很大方地付出大把大把比特幣給這些管理者。不過也多虧他們的付出，許多馬里亞納深網的祕密，才能夠一一浮上表網路。

另外，在暗網中，很多人忽略了末日教派的勢力。除了撒旦教大肆宣揚教義，惡名昭彰的天堂之門，仍在招朋引伴外，更多的邪教都在暗網進行恐怖的儀式，在這些儀式中，已不像現實生活中的宰殺牛、豬、羊等動物，而是活生生地把人作為祭祀物，其中光明會的新世界秩序，就是以活人作為祭祀物。由於像光明會這種知名的教派，在表網不能明目張膽地進行祭祀直播，於是將一些活人獻祭的直播影片，放在暗網播放。

馬里亞納深網讓這些末日教派有了棲息之地，並提供直播服務，讓教徒可以在線上觀看，付一些比特幣來作捐獻。另一個跟馬里亞納深網類似的暗網，被稱為影網，不過影網進入的方式與過程，僅知道要使用 VPN，且需要找到提供資源的網址，這大多是極度犯罪組織，如影網紅色刑房等，付費或利用特殊關係才可以進去，甚至一些國家的特務，為了交換情報，而透過影網互相交換訊息。

事實上，在表網部分網站的表現，完全不亞於暗網，除了上述的幾個網站外，Bestgore 及 Liveleak 兩個網站，其殘酷驚悚程度，勝過許多暗網網站。只是表網的殘酷表現網站的內容，多半是其他人提供，甚至部分網友進到暗網裡，錄下相關的影片，或是一些消失在表網的影片，放在這兩個網站。不過與其說這兩個網站恐怖，或稱為獵奇更為恰當。因為大部分的內容並不是描述靈異事件，而是在講述人類如何慘遭酷刑、謀殺、虐殺，或分屍等殘忍畫面。

Liveleak 是一般電視無法播出的內容，網友將這些內容上傳，部分比較殘忍，如伊斯蘭國用坦克壓死戰犯或砍頭，甚至過去比較殘酷的烏克蘭少年殺人事件的影片，也可以在這裡找得到。不過 Liveleak 並非全部都是殘酷虐殺的影片，也有一些輕鬆有趣，或是情色的影片，比較多元化，但全部都沒有打馬賽克，也就是最原始的影片。相較之下，Bestgore 就是人性考驗之極致。

　　在 Bestgore 中，將不會見到任何賞心悅目，讓人輕鬆愉快的照片，取而代之的是，人性最醜陋、恐怖的圖像，都會在這邊看到，從伊斯蘭國砍頭、火刑、槍斃、吊死等酷刑後的屍體照片外，還有更多的獵奇照片，諸如遭到爆炸攻擊四散的屍塊，甚至一些殘忍謀殺案的照片等，都可以找得到，可以說是慘死屍體的百科全書。

　　筆者認為，這些網站之所以神祕，並不是因為它靠著一些網路技術，讓這些網站隱藏在網路最深處，而是因為它的不可見光性，以及人類黑暗性，將這些資料隱藏在網路底部，就有如馬里亞納深溝一樣，越是神祕觸不可及，就越引起人類的好奇心，最後雖然找到許多資料，但卻也陷了下去，無法自拔。

**Liveleak 官方網站**
http://www.liveleak.com/

**Bestgore 官方網站**
http://www.bestgore.com/

# Chapter 2  (Declassify 🔓)

# 末日教派的都市傳說

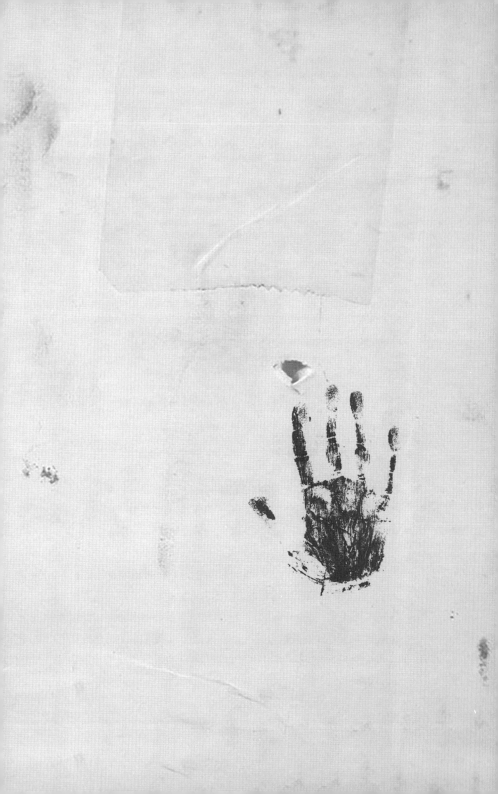

# 人性弱點所產生的宗教

DATE: _____

SERIAL NO: _____

SECRECY DEGREE: Danger!

　　都市傳說有千百種，但最恐怖的，就是宗教狂熱（The Cult）。如果各位能瞭解 Cult 含義，那麼就知道宗教狂熱最嚴重時，會大量地取人性命，造成集體自殺。在這些宗教狂熱中，許多末日教派對於人的生命重視度非常低，教主只要一聲令下，教徒往往唯命是從，甚至自殺殉教都有可能，其中人民聖殿（Peoples Temple）就是最極端的例子，教主吉姆瓊斯（Jim Jones）一聲令下，九百多位教徒在一小時內，集體自殺或謀殺子女、親人，使教徒們呈現瘋狂狀態。

　　末日教派的成立都有共通之處，教主及教徒利用人性的最弱點，來引誘其他人加入，例如有些人是為了感情、有些人為了錢財，甚至在落後地區，人民為了過更好的生活，而加入宗教。末日教派的教主多半有群眾魅力，他們會用話術或音樂，來製造情境，讓這些人身心靈都投入。對於新進的教徒，則會動用資深教徒或黨羽的力量，全力說服他們加入，或是帶動新進者的情緒，最後新進者就會被引誘。

　　末日教派通常會給人一種無形的壓力，有的是透過催眠的形式，例如會催眠教徒要是叛教或退出，就會遭受到一連串的災難，教徒在退出後，經由催眠的暗示，真的就發生許多意外，如此讓教徒不得不深信該教派的力量。有些則是會以實際的行動來威脅教

徒，如山達基（Scientology），會動用各種勢力，對想退出的教徒威逼利誘，甚至威脅其生命或家人的安危，讓教徒心生恐懼，不敢退出。

末日教派的另一個話術，就是利用《聖經》裡末日審判的章節，對信徒洗腦，隨時預言末日的來臨，讓信徒隨時做好赴死的準備，有些落後地區的信徒當然是深信不疑，但詭異的是，連先進的美國都有人會深信不疑，其中又以天堂之門（Heaven's Gate）為最經典，其教徒都是受過高等教育與金錢無虞的族群，但最後仍跟隨教主馬修艾波懷特（Marshall Applewhite）一起集體自殺，令人匪疑所思。

近十幾年，幾個極端教派在當地警方或類似 FBI 等機構不斷掃蕩下，似乎是有好一點的跡象，然而意志力不堅定的人還是到處可見，也因此人一旦有了迷信，輕則被騙財騙色，重一點的就是被這些極端教派給控制，走上絕路。

筆者認為，不論東方或西方，用宗教的力量來迷惑人心是最常見的手法，因為人類除了對於未知的事物有好奇心外，在人心最脆弱的時刻，通常最容易被惑惠，例如感情失意、經濟出現困難時等，都會尋求宗教來解決或尋求心靈上的安慰。這時，如果有心人士利用宗教力量來迷惑這些失意的人，是非常輕而易舉，同時宗教的力量若一個傳一個，被利用在不當的地方，很容易造成不可預期的悲劇結果。

DATE: _____

SERIAL NO: _____

SECRECY DEGREE: Danger!

# 代表世界最高權力的祕密組織光明會

Illuminati

---

　　近期很多宗教性或懸疑性的電影會討論到光明會，特別是丹布朗寫的兩本小說——《達文西密碼》及《天使與魔鬼》，且先後搬上大銀幕，這兩部電影都討論到光明會。光明會是個極其神祕的組織，在所有的都市傳說裡，這個組織或也可稱為教會的神祕性，遠超過其他末日教派。除了光明會跟美國歷史有極大的淵源外，這組織分為許多分支，有成立美國中央情報局的骷髏會（Skull and Bones）、有影響全球政經界的共濟會（Freemasonry）、有統治歐美演藝圈的好萊塢光明會（Illuminati Hollywood），還有一個傳說是以撒旦為崇拜偶像的分支，撒旦派光明會（Illuminati Satanism）。不過不論是哪一分支，光明會就代表神祕、錢與權，以及無遠弗屆的影響力。

　　與光明會有關的是上帝之眼，這個古老的上帝之眼是一個金字塔頂端，中間有個眼睛，代表在此眼底下，所有的事物都無所遁形。雖然傳說紛紛，但目前沒有一個有力的證據顯示，上帝之眼是光明會的標誌。這兩者有著密切的關聯性，因為光明會的祕密手勢為兩手的食指碰食指、大姆指碰大姆指，比出一個三角形，這與上帝之眼的標記不謀而合。

　　美國跟光明會的結合，除了從美國開國史及內戰可以看出到處充滿光明會的影子外，美國第一任總統喬治華盛頓的知名演說，直

接就說出美國和光明會的關係：「我從不會去質疑光明會的教義和雅各賓主義與美國的關係，換句話說，沒有人比我更推崇這兩者所提倡的內容。我想表達的是，我不相信光明會會散布惡毒的言論，或是邪惡的思想，或許他們有一些人會做這些事，但這是美國，一個民主的社會，一定會有這些事情發生，當然我們也可以質疑他們的正當性。」

就華盛頓的話來解釋，光明會中有些人有邪惡的思想，也就是崇拜撒旦，進而成立了撒旦派光明會，但美國是自由主義國家，所以可以容許這些人的存在。許多人認為，撒旦派光明會勢力強大，除了控制著美國的政治與經濟，但也帶來了許多恐怖的黑暗面，從美國內戰的開打，到美國總統甘迺迪被刺殺、雷根遇襲等案件，都跟光明會有很大的關係。簡單來說，光明會與美國開國，一直到內戰，再到現在，都有著關鍵性的影響力，這可以從一美元紙鈔有著光明會標誌的暗示看得出來。

Annuit Coeptis
「神佑我們的基業」，
光明會的宗旨。

All-Seeing Eye of God
上帝之眼，
又稱為路西法之眼。

Novus Ordo Seclorum
「新世界秩序」，
代表光明會建立美國新秩序。

E Pluribus Unum
合而為一，
光明會將美國統一。

13道星光
代表光明會統治最初的13個洲。

13階的金字塔
代表美國最初的13個洲；
金字塔的72塊磚頭，
代表卡巴拉的72位神祇。

這是隻鳳凰，並非老鷹，
代表光明為不死之身。

MDCCLXXVI為羅馬文字的1776，
也是美國獨立建國的年分，藏著光明會的暗號，
mDCcLXxVI，也就是惡魔的印記666。

13把箭、13片葉子、13粒蘋果
代表光明會的勢力控制著13洲。

9尾羽毛
代表9大行星。

暗藏在一美元紙鈔的祕密。

一美元紙鈔的左上方金字塔寫著拉丁文 Annuit Coeptis，意思為「神佑我們的基業」，也就是上帝創造了美國，開啟了兩百多年歷史基業，這句話被視為光明會的宗旨。在 Annuit Coeptis 字樣下方的是金字塔頂端內嵌一隻眼睛，這和光明會的標誌是一樣的，前面有提到，代表在此上帝之眼下，所有的事物都無所遁形；不過有另一派說法是，這隻眼睛並非上帝之眼，而是墮落天使「路西法」的眼睛，這又牽涉到一美元是撒旦復活之路說法了。

在金字塔底下有一排字，寫著拉丁文的 Novus Ordo Seclorum，翻譯為「新世界秩序」，代表光明會建立美國這個新世界的秩序。右邊國徽上方寫著一排拉丁文 E Pluribus Unum，翻譯成「合而為一」，意即光明會將美國各州統一，成為美利堅合眾國。而國徽上方的十三顆星，代表光明會成員統治著美國獨立建國的十三個州。國徽下方有十三把箭、十三片葉子、十三粒漿果，代表著光明會，以絕對的權力、金錢控制著美國獨立建國的十三個州。而國徽的鳥形圖案，其實不是老鷹，而是不死鳥之稱號的鳳凰，代表著光明會永生不滅。鳳凰的九尾羽毛，代表著九大行星運行在宇宙中。

在左邊金字塔中，除了路西法之眼代表撒旦印記外，金字塔的七十二塊磚頭，代表著卡巴拉的七十二位神祇。下方的 MDCCLXXVI，原本應該是代表美國獨立建國的年分 1776 年，但在部分研究光明會的學者解讀下，把這個密碼給破解了，這個數字實際上是 666，也就是撒旦的另一個印記。

由於共濟會與光明會息息相關，因此在一美元紙鈔上，也有共濟會的暗示存在。在上帝之眼處作為頂點，畫一個等邊六角形，會發現有著 MASON 的字樣出現，也就是共濟會的 FREE MASONS 的文字組合。

FREE MASONS
共濟會
S
A
M
N
O

**一美元紙鈔的共濟會暗示。**

　　除了撒旦派光明會外，好萊塢光明會也是另一個較為神祕的組織。然而說是一個神祕組織，經過電影、小說或電視節目等媒體的散布，甚至口耳相傳下，大部分的人都知道這個組織的存在，甚至對其內部運作或組織分支都瞭若指掌。據一些知情人士透露，在許多電影、電視劇或演唱會裡，都可以見到這些人為刻意散布的光明會訊息。當然這組織除了錢，就是權，並且也掌控許多明星的命運及生命。部分英年早逝的明星，據說都跟好萊塢光明會有關聯，最知名的傳說就是金凱瑞女友凱瑟琳娜懷特的死亡案件。

金凱瑞曾於《吉米基墨秀》裡，大揭好萊塢的光明會祕辛，他也承認自己是光明會成員之一。他甫一進場，就直接比出光明會的祕密手勢，也就是兩手的食指碰食指、大姆指碰大姆指，比出一個三角形。他不僅如此，還在這三角形手勢中間吐舌頭，純粹要惡搞這個組織。不過主持人則一味地說他不知道這手勢的意義，金凱瑞則笑稱，全世界都知道這代表什麼，包括漫畫家（意指 MARVEL 曾於漫畫中，出現由一群正義使者組成光明會的故事）及現場觀眾，甚至金凱瑞還向主持人介紹光明會的來龍去脈。

　　令人疑惑的是，大名鼎鼎主持人，與知名脫口秀主持人大衛萊特曼、歐普拉溫芙蕾平起平坐的主持人吉米基墨，居然會不知道光明會的事？明眼人都知道，他是故意裝作不知道有這回事。由於光明會的勢力龐大，政治、財經、軍方，甚至演藝圈、時尚界，幾乎所有能提到的區塊或產業，都有這組織的身影，因此吉米基墨是不想惹禍上身，盡力與光明會的話題保持距離。

　　金凱瑞見吉米基墨裝不知道什麼是光明會，於是在現場說出這是光明會的祕密手勢，並進一步踢爆光明會在好萊塢的一舉一動，甚至也揭露了主持人是光明會成員之一的祕密。金凱瑞還指出，政府更將一些光明會成員的特務人員混進演藝圈，監視及操縱著演藝人員。然而，金凱瑞此舉犯了大忌。

一般來說，祕密組織的話題通常是大家都知道有這件事，但都很有默契地不承認，也不會提這件事，但金凱瑞不但提起光明會的事，甚至還嘲諷這組織，並將另一成員揭露出來，間接造成日後的悲劇。

在金凱瑞在大開光明會玩笑後，他的女友凱瑟琳娜懷特不久就突然死亡，警方驗出是服用過量藥物致死。她的屍體旁邊有一張字條，註明她是因為跟金凱瑞分手而自殺，看起來是一起自殺事件，警方也以此結案。然而詭異的是，他們並沒有分手，整起事件被懷疑是光明會進行的復仇行動。

光明會有個血祭儀式，主要是以人血來祭祀光明會的神祇之一——路西法，也就是撒旦七大惡魔之一。在一定的時間點，會找一些知名人士進行血祭，以示對路西法的崇拜。據說除了金凱瑞的女友外，包括麥可傑克森，他的私人醫生將他殺害以進行血祭。保羅沃克，駕駛保時捷的車手原本要將保羅進行血祭，沒想到一個失誤，連他自己的命都獻祭了。這些早逝的巨星，都是光明會傳言血祭的對象。還有知名的演員希斯萊傑，他的死因跟金凱瑞女友一樣，過量服用藥物，為什麼一個前途無限的明星會這麼想不開，據傳也是被血祭的對象之一。

除了恐怖的血祭外,在許多的電影裡,都會見到光明會的影子,部分資深的好萊塢光明會成員就指出,知名的電影《駭客任務》,整個核心思想就是闡述光明會理念,在光明會世界裡(電腦創造的世界),任何人都需要遵從領袖旨意,領袖就是神。另一部電影《星艦戰將》,整個電影的理念,就是在闡述人類的能力無極限(暗指亞利安人種的聰明),可征服任何一個星球物種,甚至光明會的一些標誌也出現在電影的軍隊旗幟上。

另一個在好萊塢揭露的題材,是跟光明會有關聯的骷髏會。這個神祕的組織在勞勃狄尼洛執導的《特務風雲:中情局誕生秘辛》,裡面有提到美國中央情報局(Central Intelligence Agency:CIA)的創始會員之一,曾加入耶魯大學的骷髏會,而此組織培養了許多美國知名的人物。儘管CIA否認骷髏會跟任何創始元老,甚至是現役人員有任何關連,但此故事的背景並非空穴來風,許多人懷疑必定有相關人士在背後指點勞勃狄尼洛,否則他也不可能知道這麼多的祕密,拍出一部跟史實非常接近的影片,甚至被CIA撰文否認。

筆者認為,光明會的祕密流傳已久,許多知名人物紛跳出來承認自己是光明會一員,因為有些人是靠著此組織的幫助,達到人生巔峰。不過這組織跟大部分的祕密社團一樣,不論是哪一個分支,都要成員有絕對的忠誠度,一旦忠誠度過低,或對外汙衊其組織,很可能就會被當成血祭的對象。

# 從暗網回到表網的天堂之門

Heaven's Gate

DATE: _____

SERIAL NO: _____

SECRECY DEGREE: Danger!

---

　　美國最有名的末日教派組織之一：天堂之門，由馬修艾波懷特與邦尼尼多斯（Bonnie Nettles）共同建立。這個宗教組織的特色在於提倡自殺，教徒在結業時，會買一個特製的紫色繡花袍，並喝下特製的毒藥混合伏特加與蘋果汁，然後蓋上紫色繡花袍，睡在床上。在死之前，會錄下一段影片，然後指名交給被選上的繼任者。

　　不過因為在 1997 年海爾－博普彗星（Comet Hale-Bopp）飛過近日點時，教主馬修艾波懷特帶領三十七人同時自殺，震動美國社會，因此美國當局全力查緝這組織，而這組織的官方網站自那天起，就沒再更新了，除了教主馬修艾波懷特死亡外，另一首領邦尼尼多斯早就在 1985 年因肺癌先上天堂了。

　　雖然馬修艾波懷特與邦尼尼多斯，以及主要幹部死亡多年，照理說，這個教派應該是銷聲匿跡，這組織的官方網站也無人問津，所有人以為這組織應該瓦解了，但最近有些外國人士寫信去該教派網站，詢問天堂之門是否還存在，所獲得的答案卻是令人毛骨悚然。得到的答案是，這教派仍然在經營中。

　　當年為了要全面防範天堂之門還有殘黨繼續鼓吹自殺，美 FBI 甚至出動人馬進行調查，但查不到什麼蛛絲馬跡。殊不知，天堂

之門的殘黨轉進了暗網，仍在暗中招兵買馬，或進行一些宣教的活動。天堂之門的傳教士一開始用一些基督教或匪夷所思的故事來吸引聽眾，當這些聽眾沉迷於這些故事內容後，就開始展開洗腦行動，讓信徒深信其教義是對他們有非常大的好處。甚至許多信徒真的相信，那死去的三十七人都跟著海爾－博普慧星一起上了天堂。

天堂之門在暗網招兵買馬一陣子後，最近又開始浮出水面，有人相信，他們應該是集資到一筆錢，且風頭已過，美國當局似乎也不再重視這件事，所以從暗網到了表網路。最詭異的一點，就是天堂之門的網站一直有人經營，因為假如沒人去管理這網站，網站伺服器或網域名稱都會消失，然而他們網站不但沒消失，甚至還有人會回信，這就代表天堂之門悄悄地復活了。

天堂之門復活還不要緊，但之前在暗網招收的信徒，則開始傳教的工作。美國最大的有線電視公司，也是美國第二大的網際網路服務供應商康卡斯特（COMCAST），在它的頻道裡，居然有末日教派的傳教頻道，當然裡面也有提到天堂之門。這是一件非常重大的事，因為末日教派的復活，代表有可能再次出現集體自殺的案件。

在 2011 至 2012 年，這個教派的傳教士接受了知名的美國無線電視台 CBS 及知名有線電視台 CNN 的專訪。他們仍相信馬修艾波懷特是耶穌基督的化身，他在當年帶著一批人上天堂，現在又回到人間，準備帶第二批人上天堂。而這些人口中的第二批人，就是在暗網吸收的信徒。以目前天堂之門官方網站每天收到約兩百至三百封信的情況來看。屆時，如果真的再發生了集體自殺案，死亡人數將遠超過 1997 年的數倍。

網友在天堂之門網站留言與官方回覆。

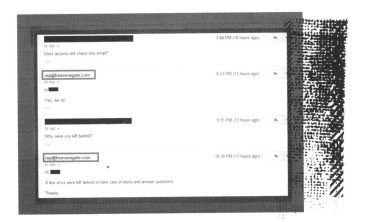

to rep ▾
Does anyone still check this email?

3:46 PM (18 hours ago)

**rep@heavensgate.com**
to me ▾
hi ▇▇▇▇
Yes, we do

8:53 PM (13 hours ago)

to rep ▾
Why were you left behind?

9:11 PM (13 hours ago)

**rep@heavensgate.com**
to me ▾
Hi
A few of us were left behind to take care of tasks and answer questions

Thanks

10:56 PM (11 hours ago)

RESTRICTED

天堂之門官方網站
http://www.heavensgate.com/

# 瓊斯城千人謀殺案的人民聖殿

Peoples Temple

DATE: ＿＿＿＿＿＿＿＿
SERIAL NO: ＿＿＿＿＿＿
SECRECY DEGREE: Danger!

說到宗教狂熱，就不得不提人民聖殿，教主是吉姆瓊斯，一位馬克思主義及共產主義狂熱分子。當年他非常受歡迎，主要是針對一些窮苦人民做反資本主義的演講，但到最後變成了一個宗教信仰。他開始宣傳反《聖經》、反基督主義，還有一些反現狀的極端思想。爾後因為性虐待的醜聞報導，他從美國逃亡到蓋亞那。在逃亡途中，仍然蠱惑他的信徒，製造許多社會糾紛的案件，包括曾暗殺美國國會議員。

吉姆瓊斯後來在蓋亞那建立瓊斯城，進行瓊斯城農業計劃，追隨他的人民大多是當地居民，他們過著窮苦的生活，想要改善現有的生活，瓊斯利用這個人性弱點，替他們建造村莊，讓他們認為有幸福的日子可以過。他當時的計劃並未要帶領人民全部殉教，而是想建立他的國度，但在一些政治人物的威逼利誘下，讓他走上最為極端之路，其追隨他的人民並不知道，瓊斯城最後會成為一個地獄之城。

由於部分調查局或政府官員要他解散人民聖殿，致使他認為受到政治勢力的壓迫，因此決定帶領所有人民走向死亡一途。 1978 年11 月 18 日，他帶領他的信徒，在瓊斯城進行集體服毒自殺，人數高達九百一十八人，撼動國際社會，為史無前例最多人在同一時間的

自殺事件。人民聖殿集體自殺事件只是個開端。吉姆在死前，以搖控的方式，通知各地他的信徒帶領當地信眾進行自殺任務，包括美國舊金山人民聖殿等。

近期 FBI 揭露的一些絕密檔案，其中人民聖殿高達九百多人的死亡錄音帶，為最震撼的檔案之一。裡面記錄 48 分鐘的教主吉姆瓊斯一邊演說，一邊讓人民進行自殺的恐怖行為，人民聖殿大概是宗教狂熱最極致的表現之一

人民聖殿在進行集體自殺前，錄了一段語音，這段語音是吉姆瓊斯一面呼籲人民應該死亡，同時也一面呼籲父母帶著孩子一起死亡，一起到天國。他的忠實黨羽在一旁幫忙鼓吹教徒進行自殺行為，雖然有一些人反對，但其黨羽用人海戰術，壓制這些反對的聲音。

在這錄音中，從一開始就有人不斷地哀嚎，也可以聽見一些小孩跟父母說他們不想死，但父母仍要他們死亡，餵他們毒藥，雖未有畫面，但光聽見哭喊的聲音，就已經很毛骨悚然了。到了第 42 至 45 分鐘，九百多人已經死亡殆盡，只剩下恐怖的音樂繼續放著。雖然後來仍有倖存者，但鼓吹九百多人集體自殺的謀殺事件，即使過了數十年，仍令人戰慄不已。

**人民聖殿死前 48 分鐘的哭喊**
https://www.youtube.com/watch?v=OkookcrAnSE

# 仍謀重組的太陽聖殿秩序

Order of the Solar Temple

DATE: _____

SERIAL NO: _____

SECRECY DEGREE: Danger!

太陽聖殿秩序以信仰聖殿騎士軍團為主，他們認為人死後，只有崇拜聖殿騎士軍團，才可以上天堂。太陽聖殿秩序是以法國一位作家，所提出的主宰新秩序的太陽聖殿論點作為主軸，後此論點改為太陽聖殿新秩序。

太陽聖殿秩序由約瑟夫迪馬姆波羅（Joseph Di Mambro）和路克久爾特（Luc Jouret）於 1984 年，在日內瓦創立，當時命名為國際聖騎士太陽秩序組織，後兩人移居加拿大，將此組織改名為太陽聖殿秩序。由於兩位教主慫恿當時的教徒，由於戰爭與饑荒會覆蓋大地，所有人將死亡，因此承諾會帶他們到《聖經》所記載的應許之地躲避此災難，而加拿大的魁北克就是應許之地，所有禍事都不會在這裡發生，因此有一群高忠誠度的教徒，跟著兩人一起移民到加拿大。

教會的兩大領袖皆醜聞纏身，約瑟夫在他創立這個教會時，他已被多起詐騙事件起訴，在瑞士及加拿大皆惡名昭彰，但警方因無確實證據，因此無法將他定罪。他在教會裡非常獨裁，他所下的命令，教徒要完全遵守，例如他要女教徒進行性愛儀式，女教徒得完全遵守，不能違抗他的旨意。路克更是被教徒多次投訴他沉迷於性愛與金錢，並未將教會事務放在心上，特別是每次進行儀式時，都會跟一名女子進行性愛。路克雖未正式結婚，但他卻有許多名義

上的妻子。同時，由於他們不斷地對教徒洗腦，說世界末日即將來臨，信他們者才能和聖殿騎士一起上天堂，有些教徒已開始感到他們的描述有些荒誕。

在太陽聖殿秩序的醜聞接連曝光之際，兩名教主開始進行恐怖行動。他們針對其中一位教徒採取駭人的手段，對外說明是這名教徒做了叛教之事，其實際原因是這名教徒在蒐集足夠資訊後，準備揭發兩名教主不法行為之際，被先發制人。路克首先用電擊與鈍器虐待這名教徒與他的太太，把兩人電得昏死數次，再用鈍器重擊他們非要害處，避免他們馬上死亡，讓他們感到求生不能，求死不得。接著對外宣稱這名教徒的兒子是位敵基督（antichrist），要公開對他們一家人處刑，並選擇於 1994 年 10 月進行處刑儀式。

約瑟夫帶領幾名手下進行儀式的當天，他們先對這名教徒與他的太太，用刀刺身體數十次，甚至刺他太太的胸部多次，再進行割喉。接著用刀不斷刺進他們兒子的身體，但卻避開要害，不讓他立刻死去。其他教徒們將三人的身體分別用黑色塑膠袋包起來，丟到幾十公里以外的樹林裡，這兩位教徒的兒子因不斷失血，再加上氣候寒冷，過沒多久就死了。在三人被折磨致死並棄屍後，兩名教主及部分參與處刑儀式的教徒，立刻離開加拿大，逃回瑞士以躲避風頭，然而，這只是太陽聖殿秩序一連串恐怖自殺與謀殺行動的開始。

當這些教徒逃回到瑞士的第二天，在瑞士山區的一個農莊突然起大火，這場火燒了數小時之久。在消防人員辛苦地撲滅後，發現有個地窖，當警消人員走進地窖，發現裡面是一個祭壇。這個祭壇

地面有個太陽圖形，牆上畫著《聖經》的故事圖案。他們進到更裡面時，赫然發現共有二十二具屍體被燒得面目全非，其中還有個十幾歲的小男孩，而這幾具屍體全部都穿著祭拜儀式的服裝——一件大紫袍，袍子中央處有個太陽的圖形。其中有十幾人是被人一槍打中腦袋斃命，其他人則是被塑膠袋包著頭悶死，警方還發現，有幾個人的死亡現場是在其他地點，被處決後，移到這個地方與其他屍體一起被燒掉。

接著又在瑞士的另一處農莊裡，突然發生大火，燒毀整個農莊，在火勢撲滅後，警方在裡面發現二十五具屍體。他們發現這幾具屍體曾在生前遭受到不明藥物的注射，且其中有幾人是之前執行叛教死刑儀式的行刑者，在這些死者中，年齡最小的只有四歲。接下來，在法國又發現十六具自殺與被謀殺的教徒屍體，這些屍體的死亡情形跟前面幾個都差不多，被注射不明藥物，再用塑膠袋套頭致死，當然部分屍體還發現有槍傷。後來警方查證，在這些案件中，路克、約瑟夫和他的家人也一起死亡。

太陽聖殿秩序在教主帶領下，總共有一百多人在歐美自殺或被謀殺行動，其中也包括路克、約瑟夫和他的太太與小孩。而大部分人是由行刑者動手殺害，這些行刑者在殺害他人後，也直接自殺。不過恐怖的是，這個教會仍有不少的餘黨散落在各地，特別是瑞士與加拿大。其中包括瑞士的一位音樂家麥克塔巴克尼克。他曾被懷疑是太陽教堂秩序的成員之一，也於 2006 年被法國法庭審判過，但後來因證據不足，被釋放出來，目前是自由之身。許多媒體及兩地的警方猜測，這個教會殘存的教徒很有可能再重新讓此教會復出。

DATE: _____

SERIAL NO: _____

SECRECY DEGREE: Danger!

# 大屠殺的恢復神之十誡行動教派

## The Movement for the Restoration of the Ten Commandments of God

恢復神之十誡行動教派起源於 1980 年後期，在烏干達創立，這教派的教徒相信世界末日，更崇拜十誡，認為十誡是神的旨意，會帶領他們上天堂。較特別的是，他們跟其他教友們是用手語來溝通的，避免觸犯十誡。

由於烏干達的政治與社會動盪不安，內戰、總統的恐怖統治、愛滋病的盛行，讓這個國家的人民生活苦不堪言。在落後國家中，信仰是唯一的出路，但這國家的信仰是來自羅馬教廷的天主教，而在教會內，不斷地傳出醜聞，致使人民與信徒對教會失去了信心。在 1980 年代後，烏干達出現許多後天主教派，這些後天主教派的共通點，就是大家各自成立自己的教派，自我表述《聖經》的內容。

在這樣的情況下，每個教派都開始有自己的立場，甚至出現一些極端的教派，其中由克豆尼亞（Credonia Mwerinde）、約瑟夫奇畢維崔（Joseph Kibwetere），與畢泰特（Bee Tait）組成的恢復神之十誡行動教派最為壯大。這個教派成立的宗旨是依照十誡的內容，對抗天主教，以及反抗烏干達政權，他們認為烏干達愛滋病及其他災難盛行，完全是因為這些內外因素，因此他們成立的方向等於一個地下反抗軍組織。

在慘劇發生前，約瑟夫向眾人宣布，他曾見過耶穌與瑪麗亞，瑪麗亞對他說，世界末日即將來臨，只有遵守十誡的人才可以逃過一劫。當時約瑟夫預言 1999 年底是世界末日，然而過了這一天後，什麼事都沒有發生，於是他將世界末日延後改成 2000 年底。到了 2000 年 3 月，約瑟夫突然對眾人宣布，因為世界末日即將到來，全人類將會滅亡，他需要帶領大家做準備，集合所有人在教堂裡禱告。

正當他帶領教徒在教堂禱告時，教堂突然引發大爆炸，所有教徒同時被炸死，據警方估計，約有七百多人死在這場爆炸裡，再進一步調查，有些人在被炸死前，早就被毒死或被勒死。大部分的死者在卡農古區，離烏干達首都坎培拉西南方約 360 公里處。當地警方稱這事件為集體屠殺案，因事後發現，大部分教徒是被關在教堂裡，教堂的門窗都被釘死，連隻鳥都飛不進去，教徒聚在一起唱了幾個小時的詩歌，之後有人放瓦斯及點火，產生大爆炸。

據一些生還者表示，現場慘叫聲及哭聲不斷，這些人不是上了天堂，而是處在地獄中。與人民聖殿類似的情況是，大部分教徒都是帶著全家人一起參加，進而造成全家一起死亡，甚至有剛出生的嬰兒。當然此次也被視為在宗教狂熱歷史中，集體自殺或謀殺的最高表現之一。除了爆炸死亡的教徒外，還有許多教徒跟著一起自殺殉教，因此與此教派相關的總死亡人數，遠超過一千人以上，可以和人民聖殿一較高下。當時盛傳，大部分教徒是自願跟著教主殉教。在宗教狂熱下，這些教徒對他們的教主及教義深信不疑，因而做出許多恐怖的事，有些是鼓吹自殺或自殘，更甚者就是以殺人為主，過程令人毛骨悚然。

恢復神之十誡行動教派的首腦大部分都死於爆炸中，但仍有些逃出來，另外在其他地方重整旗鼓。這教派最著名的穿著是白、綠或黑色的袍子，女性教徒穿著白色袍子，男性教徒則穿著綠色或黑色袍子。

# 地獄代言人的芝加哥開膛手

Chicago Rippers

DATE: _____

SERIAL NO: _____

SECRECY DEGREE: Danger!

---

　　1981 年 5 月 23 日，在芝加哥市出現了一連串的恐怖謀殺案。首先是一位二十八歲的琳達蘇頓，她的屍體在十年後被發現，死狀極為恐怖，但她只是連續十八名女性謀殺案件的第一位受害者。這十八名受害者都有一樣的死亡特徵，就是左胸被切除，然後慘遭多刀刺死。其後，有個稱為芝加哥開膛手的教派，跳出來說是他們下的手。

　　芝加哥開膛手是一個以祭祀撒旦為主的教派，由羅賓蓋取（Robin Gecht）成立，此人也是大名鼎鼎的連殺三十三名幼童，被判十二個死刑的殺手約翰韋恩蓋西（John Wayne Gacy）的手下。他與另三名成員愛德華史普瑞西薩（Edward Spreitzer）、安德魯柯柯拉里司（Andrew Kokoraleis），及湯馬仕柯柯拉里司（Thomas Kokoraleis）共同開著廂型車，在路上隨機擄落單女子，再帶到羅賓的公寓進行撒旦祭祀儀式。

　　他們的儀式非常殘酷，首先是在被害者仍有意識下，切除被害者的一邊乳房。羅賓會一邊生吃著這塊乳房，一邊唸著撒旦教的《聖經》；或眾人在唸著撒旦教的《聖經》時，一邊剁碎被害者被切下來的乳房，接著再分食。最後羅賓用手撕開受害者的傷口，讓受

害者的心藏外露，再直接拔除心臟使其而死。他們在殘忍地虐死受害者後，會將他們丟到鐵軌上，讓火車輾過屍體，使警方找不到他們殘殺這些女性的證據。

不過似乎是上帝想讓他們被繩之以法，一直到了一位叫比佛利華盛頓的女性，被羅賓等人進行殘忍的祭祀儀式後，以為她已經死去了，就將她丟到鐵軌上，企圖讓火車輾死她。然而她卻奇蹟似地生還，並且勉強拖著半殘的身體，到警察局報警。

警察沿著比佛利所敘述的地點與四人的特徵，很快地抓到他們。這四人除了羅賓外，其他人直接承認是他們殺的人。較匪夷所思的是，教主羅賓並未被判死刑，除了他極力否認殺人外，也沒有直接證據顯示他殺了這些女性，但卻有證據顯示他強暴多名未成年少女，因此他僅被判了一百二十年的有期徒刑，其餘三人則被判死刑，其中安德魯已於 1999 年被注射毒針而死，在安德魯死後，伊利諾斯州宣布暫緩執行死刑，更於 2011 年廢除死刑，愛德華與湯馬仕改判終身監禁。

雖然芝加哥開膛手被定罪殺了十八名女性，但事實上，有多起女性失蹤案件，也被懷疑是他們做的，在這些失蹤女性中，十八歲以下的少女佔了大部分，只是找不到實質上的證據，因此無法讓他們更進一步定罪。

# 慈愛聖母的天堂之路

Paradise

DATE: _____

SERIAL NO: _____

SECRECY DEGREE: Danger!

　　韓國的天堂之路是一個非常詭異的宗教，這教派是由一位叫朴素家（Park Soon-ja）的女子成立，教徒稱她為慈愛聖母。這個教會的教堂本部，居然是在朴素家開的禮品工廠裡。她對教徒宣稱她可以跟上帝對話，這些教徒對她的能力崇拜不已，然而她也一直傳出醜聞。她曾於 1987 年被教徒告偷竊，更舉發向兩百二十人吸金八百七十萬美元的詐騙案件，其中有部分被詐騙的人還是其教徒。

　　朴素家原本是一個成功的企業家，她的慈善事業經營得有聲有色，但她的資金似乎運用不當，在幾名教徒揭發她涉及詐騙後，警方開始調查她，接著就發生了集體自殺與謀殺的案件。

　　天堂之路所發生的案件，在當時震撼全球。發現這起集體自殺與謀殺的人，是她的先生李其鍾。警方在朴素家位於龍仁市的工廠閣樓內，發現三十三具屍體，後因不明原因，改為三十二具屍體，其中三名還是她的親生小孩。這些死者是因為朴素家要他們進行一項祭祀儀式。據警方推測，在執行儀式時，工廠經理李鍾書綁起教徒們的手和腳，迫使他們服用毒藥及劑量很重的毒品，嘴裡被塞著紙或軟布，有些教徒在藥性發作前，窒息而死，有些教徒則是在毒藥發作時而死。在所有人死亡殆盡後，李鍾書最後上吊自殺而亡。

警方還發現在這些屍體附近有些蠟燭、藥瓶、手套，特別是蠟燭排成五芒星的圖案，更堅定他們對於這宗教進行祭祀儀式的推測。死者包括二十八位女性、四位男性，年紀最輕的死者為十七歲的女性。這起死亡案件拆散許多家庭，其中一名男子就失去他的太太和兩名女兒。

　　在發生集體死亡案件後，朴素家突然消失，但詭異的是她的工廠還在運作。警方在查緝她的工廠時，發現她非法雇用幾十名的童工，這些童工替她製作一些錢包、小壺等禮品，再賣給觀光客。最後一次傳出她的蹤跡，是她躲在工廠的閣樓裡，也就是祭祀儀式的地點。

　　天堂之路和其他邪教的情況一樣，教主朴素家不斷地跟教徒闡述，她聽見上帝跟她說，世界末日即將來臨，所有人都會死亡，但他們如果跟她在一起，就可以躲過死亡，進入到天堂。她甚至還將所有教徒關在工廠內，一起工作及一起生活，斷絕他們與外界的往來，連工廠附近的居民都無法跟他們聯絡，甚至認為這工廠根本就沒有住人。幸運的是，在三十二名教徒的死亡被發現後，警方在工廠內找到一百三十名活著的教徒，假如再遲一步，死亡人數可能會再攀升。

# 極端教派的自詡神諭

## Self-Proclaimed Prophet

DATE:
SERIAL NO:
SECRECY DEGREE: Danger!

自詡神論是以教主傑佛瑞唐拉格瑞（Jeffrey Don Lundgren）所述作為信仰，他認為他所說的話，就代表上帝說的話。不過這團體也跟前文一樣，牽涉許多謀殺案，其中最大宗的就是集體謀殺五人的案件。傑佛瑞的家人是基督教後期教會的教徒，據他自述，他從小就是受虐兒，而他在青少年時期，就被他父親訓練成槍法神準的獵人。

他在青年時期教導基督徒理解《聖經》內文，由於他對《聖經》熟稔，在他自成一塊勢力後，用《聖經》內文來迷惑信徒，然而詭異的是，他的信徒人數一直都控制在二十人以內，而每個信徒都相信他們隨時都能夠跟上帝對話。他以獨裁手段將教徒們訓練成軍隊，只要不同意他的人，便立即處死這些人，他的教徒也被洗腦成這種個性，並以心狠手辣聞名全球，這幾乎已不是教會，而是一個獨裁者與他的軍團。

由於傑佛瑞盜用科特蘭基督教後期教會教堂的錢，教會將他驅逐出去，他慫恿他的教徒，在他生日的前一天，耶穌基督會第二次降臨人世，並帶領他們攻擊教堂，使所有不淨的靈魂接受審判。這一洗腦，激化他的教徒們準備攻擊基督教後期教會教堂，但後來以失敗收場。

其中一名教徒丹尼斯艾佛瑞，為了追隨傑佛瑞，賣掉房子，把所有財產全部捐獻給教會，然而傑佛瑞在利用完丹尼斯後，開始冷落他。丹尼斯認清傑佛瑞的現實後，準備離開教會時，傑佛瑞卻指控他這樣做是有罪的，並違反教義。傑佛瑞唆使他的教徒們，將丹尼斯一家人抓起來，以行刑方式處決全部人，包括他的太太和他三個女兒。丹尼斯一家人跪在地上，教徒先從丹尼斯的背後開兩槍、再向他的太太胸部開兩槍，兩人當場死亡。接著對他們的三個女兒的頭部開了數槍，三人也當場死亡，傑佛瑞稱此行動為「整肅家園」。

　　他被逮捕後，於 1990 年受審時，告訴陪審團，他當時堅信耶穌基督會進行第二次降臨在科特蘭基督教後期教會的教堂裡，所以他要肅清教堂，以待基督再臨。而針對丹尼斯艾佛瑞一家的屠殺案，他說因為《聖經》告訴他處決艾佛瑞一家，是為了要測試他們一家是否對上帝還抱持著熱情，但艾佛瑞一家顯然對上帝的熱情不夠。由於傑佛瑞罪證確鑿，被法官判處死刑，於 2006 年 10 月執行。

# 進行德州戰爭的大衛支派

Branch Davidians

DATE: _____
SERIAL NO: _____
SECRECY DEGREE: _Danger!_

大衛支派原本隸屬於基督復臨安息日會（Seventh-day Adventish Church）其中一個分支，而基督復臨安息日會是由維克多侯特夫（Victor Houteff）於德州瓦哥鎮附近的農莊創立，他一直鼓吹耶穌基督很快就會第二次降臨這個世界，並帶領他們打倒敵人巴比倫軍團。這個教派一開始就是以末日教派的形式建立，維克多的太太佛羅倫絲，則對教徒公開宣稱，世界末日將會於 1959 年到來，她要求教徒在農莊定居，一些聽從她的教徒則開始蓋房子或搭帳篷，準備世界末日的到來。

在佛羅倫絲的預言失準後，所有教徒開始離棄她，轉而投向從基督復臨安息日會獨立出去的大衛支派，當時的教主為班傑明羅丹（Benjamin Roden）。在他死後，由他的太太露意絲羅丹繼承，但露意絲認為他的兒子喬治羅丹沒有能力帶領大衛支派，於是轉向將所有的領導權，移交給她喜歡的維能哈維爾，也就是後來知名的大衛科瑞許（David Korsh）。她這個舉動，讓當時的大衛支派又再分裂成兩個組織。

在露意絲死後，大衛開始進行一連串的滅喬治羅丹行動。首先他栽贓喬治盜墳，接著他和幾名武裝分子，強行進入喬治的教堂，與喬治進行激烈的槍戰，後來被趕到現場的警察介入阻止。喬治被逮捕定罪，而大衛則被不起訴處分，爾後由於喬治砍殺探望他的

人，因此被判定精神上出問題，送進精神病院監禁終身。大衛則動所有財力、物力、人力，從此統一了大衛支派。

接下來幾年，他不斷地宣揚教義，以謊言、恐嚇及無知的信仰來騙他的教徒，他甚至自詡為神的代言人或是彌賽亞，並利用他權力與女教徒發生性關係。他公開宣稱，上帝對他說，在大衛支派的女性，都是上帝選給他的女人，因此不論是否已婚，他幾乎跟教派裡的每一個女人都進行過性關係。他又公開宣稱，上帝對他說，要他建立一個神的軍團，以對抗世界末日的到來，並解救世人，他甚至告知教徒，只要不跟他們站在一起的美國人，都是上帝的敵人。

大衛支派所有教徒都住在農莊裡，這個農莊已發展成一個小鎮的等級，許多教徒在此結婚生子，有了第二代。大衛除了好色外，他也有戀童傾向，當他的一個十四歲女信徒還在讀國中，就與她結婚了。到了九〇年代初，由於有教徒陸續告發他性虐待及戀童癖的行為，因此美國政府開始注意他，當時他已經有一百四十位太太，其中有幾位太太的年齡才十三歲，他的小孩則超過一打。

到了 1992 年 5 月，美國政府接獲線報，說大衛支派有著強大的火力，特別是這教派的聚集地儼然像一座小軍火庫一樣，而這些武器都是以非法手段取得。美國菸酒槍炮及爆裂物管理局（Bureau of Alcohol, Tobacco, Firearms and Explosives：ATF）進一步調查時，發現他所擁有的軍火，超過部分小型國家的全部軍力，因此提高調查層級到全面監控等級。ATF 除了派人臥底調查這個教派外，也通知軍火販子跟大衛支派接洽，暗地調查他們所擁有的軍火來源。

1993 年，當 ATF 掌握到足夠證據後，聯合德州警察及 FBI 的人員開始與大衛支派進行一場堪稱美國自內戰以來，本土最大的一場戰爭，僅差沒有出動坦克與飛彈，幾乎能用的槍砲彈藥，全部都用上場了。在激戰期間，FBI 深怕人民聖殿，或恢復神之十誡行動教派的集體自殺舊事重演，於是進行心戰喊話。不過最後效用還是不大，這場戰爭歷時五十一天，農莊裡的所有人幾乎被殲滅，總共死了七十六人，其中也包括許多女性與小孩，而教主大衛科瑞許也死於這場戰爭中，僅有九人生還。

　　這場血腥鎮壓看似宣告落幕，但也由於美國政府採取激烈的手段滅掉大衛支派，造成後續更多的末日教派從鼓吹教徒自殺，到對美國政府採取恐怖攻擊行動，在此事件後的兩年，奧克拉荷馬大樓就發生汽車炸彈恐怖主義襲擊事件。

猶如戰場般的大衛支派總部。

警方、ATF、聯邦調查局人員攻堅大衛支派影片
https://www.youtube.com/watch?v=xsDBAixXJdM

# 向日本宣戰的奧姆真理教

Aum Shinrikyo

DATE: _____
SERIAL NO: _____
SECRECY DEGREE: Danger!

　　說到宗教狂熱，就不得不提日本奧姆真理教，這個教成立於1984 年，教主為麻原彰晃，原教義是以瑜珈與靜坐作為宗旨。但後來宗教走向過於狂熱，因此衍生出許多社會事件，教徒曾投訴教主與其成員強迫他們捐款、詐財及謀殺等。1980 年代後期，許多教徒受不了教主的恐怖統治，因此紛紛開始退出教派，然而部分退出教派的教徒，卻不斷受到教派恐嚇，甚至殺害了幾個退出的教徒，此教派一直是日本警方的麻煩。日本一位反宗教狂熱的律師坂本堤，對奧姆真理教提出訴訟，且他所提出的證據足以讓此教派垮台，然而在這名律師準備於媒體前公開真相的前夕，他和他的太太、小孩突然人間蒸發，數年後，他們的屍體才被找到，證實是被教徒謀殺。

　　在 1992 年，這個教派發表一篇文章叫「烏托邦市民的本義」，這篇文章是鼓勵人民反抗日本政府及憲法，與此同時麻原彰晃向俄羅斯大量採購武器，甚至他也在詢問核彈原料的採購。同時，他們分別在澳洲與日本進行沙林毒氣及 VX 毒氣實驗，甚至在日本的實驗也造成人員傷亡事件。不過 VX 毒氣無法像沙林毒氣一樣，可以大量毒殺群眾，因此他們決意要利用沙林毒氣製造大恐慌。

　　由於與奧姆真理教不斷傳出謀殺、綁架等社會案件，日本警方決定於 1995 年開始進行強制攻堅奧姆真理教總部，但這一舉動造成

更大規模的毒殺案件出現。3月20日，教徒被唆使在東京地鐵施放沙林毒氣，總共造成十三人死亡、超過一千人的輕重傷，甚至有專家估計，受到毒氣影響的人恐怕有六千名，但因為現場混亂，除了死亡與送醫的人數可以統計外，其他自行離開現場的傷者，則無法計算。這次的恐怖行動震撼全球，也讓全世界都認識奧姆真理教與教主麻原彰晃。

　　在造成多人傷亡後，日本警方強力查緝奧姆真理教，並逮補麻原彰晃及其手下。在動員搜索各地的總部下，發現大量的殺傷性武器、爆破物，甚至有被綁架的人質，更找到足以造成四百萬人死亡的毒氣、一架俄羅斯直升機、禁藥及化學武器，包括伊波拉病毒細菌等。這些幾乎可以顛覆日本的武器，都在總部搜到。為了反擊警方的大動作調查，教徒於3月30日槍擊日本警察廳長官國松孝次，廳長雖受重傷，但並未喪命，當時所有矛頭都指向奧姆真理教的復仇。

　　接下來又一連串的恐怖行動，包括在新宿火車站放置毒氣罐事件，幸好警方提早發現，否則傷亡人數預估達一萬人，警方事後在東京地鐵多處又找到大量的毒氣罐。同年6月，教徒在全日空班機進行劫機，與警方對峙共十六小時。最驚悚的是，日本當地多位反對奧姆真理教的知名人士，陸續被教徒謀殺，導致日本人民人心惶惶。俄羅斯當局更是逮補前克格勃（俄羅斯國家安全委員會，簡稱KGB）特務人員，因為他負責替奧姆真理教處理在俄羅斯買賣軍火一事。

雖然麻原彰晃已關進監獄，但他的恐怖理念，仍由他的教徒們繼續散布，除了奧姆真理教改名為 Alpeh，繼續經營外，原發言人及莫斯科本部上祐史浩甚至成立新的教派，取名為「光之輪」，也跟著散布麻原彰晃的理念至今，成為新的潛在威脅。

# 宣揚四海一家的神之子

The Children of God

DATE:＿＿＿＿＿＿

SERIAL NO:＿＿＿＿＿

SECRECY DEGREE:＿Danger!

　　神之子是由大衛柏格（David Berg）於 1968 年創立，他們自稱是神的孩子，基本上是遵從基督教教義，但卻有著自己另一套教義。神之子經過多次改名，七〇年代後期，改為愛的家庭，八〇年代再改為家庭，2004 年後改為家庭國際基督徒聯會，一直延用到現在。神之子以教人讀《聖經》為主，大衛柏格自稱為摩西大衛，與其他末日教派一樣，他認為他可以跟神對話，甚至可以進行預言，如同摩西。在他死後，教徒認為，他已經把他精神靈魂傳給他的太太凱倫瑟比。

　　神之子最大的爭議，就是一直以性為教義之一，來教導教徒。最特別的是，他們認為在他們性交或自慰時，耶穌會一直在他們的身邊，就連他們所散發的刊物中，也提到性交是最靠近耶穌的時刻。由於整個教派是以性為中心思想來運作，甚至讓年輕女教徒淪為賣淫工具，以吸引新教徒加入。在這些新教徒加入後，開始組成家庭，或是直街慫恿教徒的家族加入，並融入其他家庭，進而組成一個大家庭。

　　這個教派又以戀童癖聞名，教徒認為，與孩童產生性愛關係是被允許的，也因為這個教義，神之子常被投訴性虐待及性騷擾。在七〇年代，神之子常會誘拐孩童，並謊騙他們離開自己的父母或監

護人，以達到完全控制這些小孩的目的。一直到九○年代，由於神之子深耕阿根廷，當地警方認為事態嚴重，以強硬的手腕，搜索這個教派的聚點。警方在找到大批的孩童後，對他們進行一連串的精神測試，並將他們送回自己的父母身邊，但他們隨後又跑回神之子的聚點。

神之子出了幾個名人，著名的演員蘿絲麥高文（Rose McGowan）、瑞凡費尼克斯（River Phoenix）與他的兄弟們，都曾是教徒，後來逃出此教派，成為演藝人員。另外有幾個教徒因為教義的洗腦，他們離開神之子後，成為拐童犯，甚至其中一位成員，因在十年間，在美國進行綁架、搶劫、鬧事等，成為通緝犯。

在神之子經多次改名，最後稱為國際家庭，目前足跡已擴展至亞洲版圖，其教會作業仍在運行中，並洗腦教徒為聖靈之戰的士兵們，帶領著正義抵抗邪惡。家庭國際基督徒聯會雖已改名，但教徒始終認為他們是神的孩子。

DATE: _____

SERIAL NO: _____

SECRECY DEGREE: Danger!

# 從基督教走向極端主義的三K黨

Ku Klux Klan/The Klan

---

　　很多人以為三K黨是專門以白人至上，或種族主義為主的黨派組織，事實上，這是一個以基督教為主的極端教派。三K黨起源於1871年，最初是以反黑人（又稱非裔美國人）為主，以美國南方為據點。到了1921年，三K黨已發展成為全美最大的組織，其成員數一度高達四百萬名，他們將黑人、猶太人、天主教徒、其他少數族群，以及新移民視為敵人，他們以肅清美國社會為名，成為最極端的右翼組織。也因為越來越極端，目前三K黨成員已減少至數千名。

　　三K黨成員可選擇公開穿上他們知名的白袍，或是隱藏他們的身分。雖然有許多三K黨成員公開他們的身分，但仍有更多的成員潛伏著，一方面可隨時匿名進行更多的恐怖活動，另一方面，有許多的政府官員與執法人員，都是三K黨的成員。然而，有大部分美國人反對這個組織，曾有員警公開比出三K黨手勢，甚至承認自己是三K黨一員，使他所任職的警局火速開除他，部分基督教團體也譴責這個組織的極端行為，甚至有些駭客揚言要公開這些匿名者的身分。

　　事實上，三K黨與美國不少知名團體、名人的關聯性很深，因此美國大部分少數族裔人士謀殺案都跟這組織有關。例如在1979年，發生知名的格林斯博洛屠殺案，當時抗議人士因不滿三K黨的

行徑，集結在大街上，該組織聯合美國納粹團體，當場槍殺街上的抗議群眾，造成五人死亡，多人受傷。當時部分人士分析，因為有警方的包庇，所以三K黨才敢在街上開槍殺人。

事實上，三K黨與納粹有非常深的淵源，因為都是白人至上的組織，因此於1995年，該組織的資深黨員在網路上開了一個論壇「風暴前線（Stormfront）」，專門給全球的三K黨員、納粹分子、種族主義分子等發言的網路論壇，同時這網站也負責招收新黨員。

不過有黑暗就有光明，曾有一名記者傑瑞湯普遜（Jerry Thompson）潛入三K黨，成功揭露三K黨員在FBI工作一事，反三K黨的團體甚至指控FBI有包庇三K黨不法之事的嫌疑。

然而三K黨發展至今，已與基督教沒多大關聯性，反而與政治有很深的掛勾，且已擴編至加拿大、英國、德國等地。不過由於該組織的殘暴行徑，也樹立不少敵人，許多政府公開逮捕當地的三K黨分子，如巴西政府強硬地關閉位於聖保羅建立的三K黨宣傳網站巴西三黨帝國，並逮捕其成員直接向該組織開戰。

三K黨官方網頁
https://www.kkk.com/

# 冷血殘酷的曼森家族

Manson Family

DATE: _____

SERIAL NO: _____

SECRECY DEGREE: Danger!

相較於大多數的宗教，曼森家族規模較小，但教徒的心狠手辣卻一點也不輸那些末日教派分子所為。曼森家族是由謎一般的人物查爾斯曼森（Charles Milles Manson）所帶領，專門吸引那些少年幫派分子加入，並進行非人道的行為。由於他們篤信批頭四的名曲〈Helter Skelter〉，並認為種族間的戰爭是無法避免的，因此他開始進行一連串的謀殺行動，甚至對一些好萊塢名人進行殺戮，其中最知名的就是大導演羅曼波蘭斯基的太太沙朗泰特。當時沙朗仍懷著小孩，她求查爾斯放過她的小孩，但查爾斯卻冷酷地對她說：「我不會對妳仁慈。」

曼森家族另一件名人謀殺的案件，就是來自布達佩斯的音樂家蓋瑞辛曼的謀殺案。查爾斯得知蓋瑞繼承一大筆遺產後，他唆使三名教徒要蓋瑞把這些錢捐獻給曼森家族。一般相信，蓋瑞應該是跟這家族成員有些關聯，例如購買毒品等，才會被盯上。當然蓋瑞是不會輕易就範，因此這三名教徒監禁他兩天，並切除他的耳朵，最後在他抵死不從下，這三人將他亂刀刺死。最後還用他的血寫「政治豬玀」在兇案現場的牆壁。當兇嫌被抓到時，否認勒索他，而是說他欠了大筆買毒品的錢，因此只是想找他還錢，沒想到把他殺死了。

曼森家族所犯下的案件大多令人髮指，例如謀殺黑人藥頭，因他要進行毒品界的種族肅清計劃，因此他宣布遵照〈Helter Skelter〉的宗旨，先從黑人藥頭開始做起。他的其中一名教徒常和黑人藥頭伯納德克洛買毒品，但因這名教徒常不付錢，伯納德揚言要殺了這名教徒，於是查爾斯教唆其他教徒，趁著與伯納德交貨時，直接槍殺這名藥頭。

由於曼森家族行徑太過殘酷，後被警方一舉抓住其教徒，並判處查爾斯死刑，但因為加州剛好廢除死刑，因此改判他為無期徒刑。他曾申請十二次假釋，但全被拒絕。獄方人員認為，查爾斯有精神上的疾病，他無法控制自己的行為，一旦被釋放出去，還是會繼續犯罪，因此擋下他的數次假釋申請案，一直到他九十二歲前，都無法再申請假釋，目前被監禁在加州州立科克蘭監獄裡。

# 篤信神會降臨韓國的統一教

Unification Church

DATE: _____

SERIAL NO: _____

SECRECY DEGREE: Danger!

　　韓國最知名的宗教狂熱就是統一教，只是這個教的歷史悠久，起源於 1940 年，由文鮮明（Sun Myung Moon）牧師創立，其教義是根據《聖經》的一部分，認為《聖經》所說神是有唯一性，且是個統一的神。他認為這個神將會在地球創造一個天堂國度，這國度則不分好人、壞人、活人、死人、人類或惡魔。他也認為神會再降臨人間，並於 20 世紀初，誕生在韓國，也會結婚生子。

　　1970 年代，媒體爆出統一教到大學招生，由於強烈洗腦這些大學生，造成許多大學生與父母關係決裂的慘劇。為了擺平這些紛爭，文鮮明於 1976 年公開展示許多教徒的父母寫來的感謝函。爾後，他為了要拓展勢力範圍，他和太太一起到德國及十四個申根國傳教，由於他的教義洗腦太成功，造成這些國家的年輕人與其他人或家庭的關係不好。因此，德國最高法院於 2006 年，禁止文鮮明踏進德國國土。

　　在統一教的所有儀式中，最有名的就是結婚儀式，因結婚的男女都是由教會指派。教徒認為，透過結婚，可以洗清人類的原罪，因此他們接受教會指派的結婚對象。在結婚儀式中，所有打算結婚的教徒都會在教主帶領下，進行集體結婚儀式。第一次結婚儀式是在 1961 年進行，當時僅有三十六對新人同時結婚，但到了 1992

年，共有三萬對新人同時結婚，其人數令人咋舌。統一教與其他末日教派不同的地方在於，其他末日教派的儀式都跟性有關係，但此教派反道其行，高度約束教徒的性行為。統一教約束教徒在婚前禁止性行為，他們對性觀念是異常保守。

即使如此，統一教仍是聲名狼籍，早在 1993 年，統一教教徒之一的 Chung Hwa Pak 寫了一本書，書名叫《六個瑪莉的悲劇（*The Six Marys*）》。書中就寫到，文鮮明名義上控制教徒的性行為，但私底下卻利用宗教儀式為藉口，與六名已婚的女教徒發生性關係。不過令人匪疑所思的是，Chung Hwa Pak 雖然一再指控統一教有問題，但在他死前的幾年，不但又加入了統一教，甚至還再出一本書，駁回他自己寫的前一本書對統一教的所有指控。

# 戀童癖的深解聖經教會
## Church of Bible Understanding

DATE: _____
SERIAL NO: _____
SECRECY DEGREE: _Danger!_

---

　　深解聖經教會是由史都華崔爾（Stewart Traill）於 1971 年創立，前身為「永遠的家庭教會」。此教會成立於賓州艾倫城，為福音派的教會，後將總部搬到紐約，最高峰時，教徒成員約一萬名，遍布美國 110 個城鎮。

　　史都華出生於魁北克，父親是長老教會牧師，因此他篤信耶穌會復活帶領他們。他成人後，移居至賓夕維尼亞州，擔任一名專修吸塵器的工人，起初是帶領基督徒讀《聖經》，當時稱為永遠的家庭教會，在教徒人數越來越多後，於 1976 年改名為深解聖經教會。這教會專門吸收十三歲的孩童作為教徒，因為他們認為此時期的孩童最容易受誘惑。

　　教徒們需捐獻他們九成的薪資至教會，史都華也因此而致富，並擁有一座大豪宅及四架私人飛機。不過教會工作人員則投訴媒體，他們的工資很低，大部分的錢都進到史都華的口袋裡。在教徒人數達到高峰時，史都華不知發生什麼事，突然告訴教徒，只有他可以聽得懂神的話，其他解釋《聖經》的人都是騙子，同時並強烈要求教徒跟家人斷絕關係。這一舉動，使他的教徒解散了一大半，僅剩下幾百人對他深信不疑。

史都華及其黨羽後來被警方通緝，罪名是誘拐未成年兒童，吸引他們成為教徒，並將他們帶離家庭。史都華對於教徒的控制非常嚴格，甚至幾近變態，曾有教徒指出，史都華不僅控制他們的生活，甚至以辱罵、公然羞辱的方式來對待他們，有些教徒不但被精神虐待，甚至被毆打。有一位治療狂熱宗教症狀的精神科醫師表示，他曾治療過深解聖經教會的教徒，然而這教會是他見過所有狂熱宗教中，精神虐待教徒最激烈的宗教。

　　史都華後來逃到海地，在當地有一群宗教狂熱分子追隨著他。他很會收買人心，他會利用一些食物及衣物給當地孩童，騙取他們入教，同時也收留許多孤兒。於 2013 年，他被當地的稅務機關投訴，儘管他每一年花費高達兩千五百萬美元，但似乎一分錢都沒用在教會或照顧孤兒上，教會裡的小孩外表看似很久沒洗過澡，並生活在非常差的衛生環境底下。不過較詭異的是，美國政府居然還提供金援給這教會，這不禁使人認為，不是史都華騙術高明，就是美國補助慈善單位的標準非常低或審核不嚴謹。

# Chapter 3 〔Declassify 🔓〕

# 不為人知的
# 都市傳說

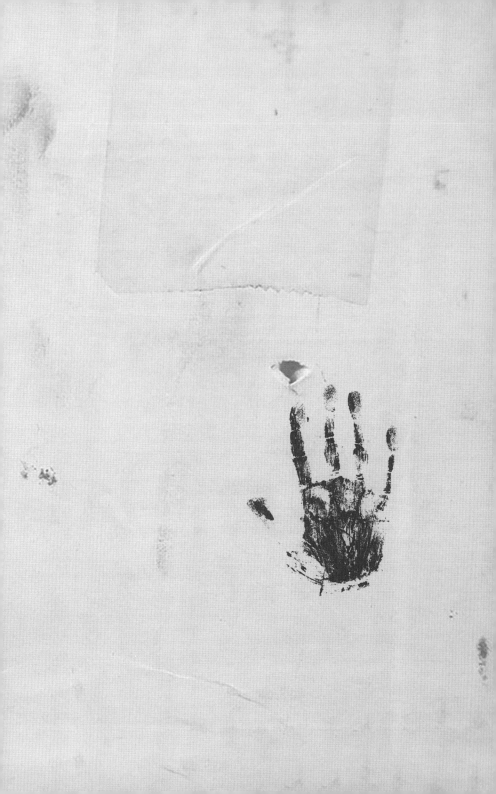

# 撒旦的化身：卡農 D 小調

Canon in D Minor

DATE: ＿＿＿＿＿＿＿

SERIAL NO: ＿＿＿＿＿

SECRECY DEGREE: _Danger!_

　　說到禁歌，大家可能聯想到最近大陸政府禁止播放一些獨立歌手的歌，但遠在歐美這些開放的國家，也有禁歌，其理由不是傷風敗俗，而是聽了會令人自殺的歌。這些禁歌中，最有名的三首，分別為被神詛咒的〈懺魂曲（_Deliver me_）〉、惡魔附身的〈第 13 雙眼睛（_13 pairs of eyes_）〉，還有死神之曲〈黑色星期日（_Gloomy Sunday_）〉。當然這些歌曲已經被銷毀和禁掉了，原因在於聽的人往往之後會自殺，一個未證實的統計數字提到，光是〈黑色星期日〉就造成百人以上自殺。而做這些歌的作曲家，當然在完成後也自殺或死於非命。

　　這幾首禁曲也不是祕密了，所以上網找資料也是找得到，但是原曲卻是消失在地表上，現在聽到的都是後來的人自行編曲，跟原曲不同。因為這些歌太有名了，所以筆者不多加介紹，反而有一首被撒旦詛咒的世界名曲被忽略了，它就是知名的「卡農」。

　　卡農，Canon in D，是個輕快的曲子，但是為何說到被詛咒呢？一般來說，卡農演奏是 D 大調或 C 大調，也有人用 F 大調，但是就很少人用 D 小調，為什麼呢？因為會直接聯想到死亡，文末筆者在網路上找了一段卡農 D 小調給大家聽。

　　為什麼說被詛咒呢？卡農的作曲家是約翰帕海貝爾，是巴哈哥哥的教父，很多人拿此曲來當作婚禮進行曲，筆者也不例外，但都是以 D 大調為主，輕鬆活潑。很多人也將它變為其他大調，但就是沒有人轉 D 小調。近期有人演奏出 D 小調，放在影片網站後，底下留言是哀悽一片，有人想起死去的親人、有人更是直接聯想到喪禮、有人表態想要自殺，更有人表示，在聽了之後，見到了撒旦；當然這些激烈的留言，很快就被網站給刪了。

　　筆者覺得很奇怪，為何這首歌聽了會直接聯想到死亡，原來約翰帕海貝爾並不是為了要編輪舞曲而編了卡農，而是為了記念他死去的愛人。戰爭時期，帕海貝爾在家鄉愛上一位鄰家女子，但因為戰爭爆發，他逃到了法國。當戰爭結束時，他回到家鄉後，那位美麗的女子已因病而逝。

　　他是一位虔誠的天主教徒，面對突如其來的打擊，他開始質疑上帝為何帶走他心愛的女子，而這位女子是這麼的善良。他絕望之餘，寫了一首 D 小調的歌，也就是卡農 D 小調。據說他在編這首歌時，他親眼見到撒旦在他面前徘徊。當他完成此歌，第一次在公開場合演奏時，數百名聽眾開始掉眼淚，有幾名意志堅定的聽眾雖然無動於衷，但其實也快坐不住了。當歌曲演奏完時，全場聽眾起立，並不是要鼓掌，而是爭相逃出歌劇廳，因為全部人都見到撒旦降臨在舞台前。而意志薄弱的人，當場就自殺了。不僅聽眾出問題，連演奏的幾名樂手不是後來死於非命，就是發瘋了。

當時下令，禁止公開演奏此曲，但約翰帕海貝爾，一個被撒旦迷惑的人，怎麼能忍受皇帝的命令；於是他改成 D 大調，也就是我們熟知的卡農 D 大調，再度公諸於世。由於曲風輕快，神聖羅馬帝國也不疑有它，所以才能夠流傳到現在。

不知為何，近期很多樂手跟音樂將卡農 D 小調改編，當然現在聽是沒什麼感覺，但是據都市傳說的網站的一些人表示，假如一個人獨坐在一個暗室，放著這首曲子時，死亡的念頭會出現在這個人心裡，意志不堅者，可能會自殘、發瘋，或是自殺。目前所看到的卡農 D 小調，並非完整原曲，因完整曲子後段是有吉格舞曲，目前還沒有人敢演奏完整全曲，完整全曲可說是消失在世界上。

約翰帕海貝爾的親筆信函。

**David Fertello 演奏的卡農 D 小調**
https://www.youtube.com/watch?v=DxyhcilCawM

# 被死神附身的黑色星期日

Gloomy Sunday

DATE : _____

SERIAL NO : _____

SECRECY DEGREE : Danger!

如要對世界知名都市傳說編個排行榜，高掛禁曲數十年，排名第一的自殺歌曲〈黑色星期日〉，絕對榜上有名。這首當年被歐洲許多國家禁播的黑色星期日，別名叫「來自匈牙利的自殺曲」。這首從原曲時就被禁播，爾後知名的英國歌手貝莉荷樂蒂（Billie Holiday）的版本，因造成英國人自殺潮，再度被禁播。當時一些地下音樂歌手，專門收集禁曲，可說是當時的暗網，這些人將原曲收藏了起來，讓此曲得以流傳了下來。一直到 2002 年後，英國 BBC 公司率先解禁，接著其他國家也陸續解禁，這首曲子才又重見天日。

〈黑色星期日〉問世之後，就發生許多跟這首曲子有關的離奇命案。包括在奧地利的一名青少女跳河自殺後，警方在她的身上找到幾頁〈黑色星期日〉的樂譜，另外在匈牙利一名自殺的商店老板的遺書中，有一段寫著〈黑色星期日〉的歌詞、在英國的一名女子喝毒藥自殺，在她身邊的播放機，不斷地重複著這首曲子。當時的歐洲，與這首曲子相關的命案超過一百件，其中原作曲者瑞斯守瑟瑞思（Rezso Seress），最後也是自殺收場，使這首曲子的恐怖歷史再添一樁。

1933 年，匈牙利人瑞斯守瑟瑞思於三十四歲時，寫了這首〈黑色星期日〉。他不定時在巴黎與布達佩斯的住所居住，但因為摯愛的女友剛死去，他在極度悲傷之下，完成了這首以小調為主的曲

子。這首歌的歌詞由他的好友完成，不幸的是，他的好友在寫這歌詞時，剛好失戀，於是以最難過的心情完成此曲。由於是悲傷的小調，再加上幾近絕望的歌詞，譜出了這首極度黑暗的歌曲。

原曲歌詞是這樣的：

**悲傷的星期日啊，我的時間已開始沉睡了。**
**親愛的，我活在陰影之下，已經過無數個日子。**
**白色的花不再為妳而開，**
**黑色的憂鬱帶走了妳，**
**天使也不願帶妳回來，**
**假如我跟妳一起走，他們會感到憤怒嗎？**
**悲傷的星期日啊。**

原本此曲並未造成太多轟動，但自唱片問世後的兩年，匈牙利境內竟發生多起與此歌曲有關的自殺案件。如死者身邊會攜帶這首歌的樂譜，或重複播放著這首歌，甚至有人在自殺前的房間內，將歌詞寫滿了牆壁，更令人驚悚的是，有些警察在辦理相關此案時，明明房內只有死者，且沒播放器的情況下，聽到四周有聲音在哼唱著此曲。當時有許多人認為，死神附身在這首歌曲裡。

原作者瑞斯守瑟瑞思則是跟這首歌一樣，有著悲慘的下場。在納粹期間，他被關進集中營，雖勉強活了下來，往後他回到一般日子，重拾作曲工作，但再也寫不出跟〈黑色星期日〉一樣偉大的曲子，生活更加困苦。與此同時，他的另一位前女友突然無預警地自殺，警方在她屍體旁邊發現擺著〈黑色星期日〉的樂譜，讓此傳說

的恐怖色彩再添一頁。由於人生遭遇多次打擊與絕望，他再也受不了刺激，便飲毒自盡，但並沒成功。最後他是在自己的公寓裡，跳樓自殺身亡。

他的遺言中，有一段話更加讓這首曲子受到詛咒的暗示。他說：「我在人生最黑暗，最想死亡的狀況下，寫了這首曲子。因為我的生命讓我非常痛苦，我把人生最絕望的情緒都放進這首曲子內。我的希望是，只要聽過這首曲子的人，就如同經歷過我悲慘而絕望的一生。」

有些自殺未遂的人，則向醫療人員或警方表示，聽了幾次這歌曲後，悲傷的旋律一直在腦裡揮之不去，如同有人在腦子裡重複演唱一般。甚至這些人在治療後，又不斷地想辦法自殺。由於這些案例實在不勝枚舉，匈牙利政府索性將此曲列入禁曲。據統計，在1930 年代的匈牙利，自殺人數高到史無前例，每年每十萬人就有四十六人自殺，但也因為被禁，美國和英國的歌手紛紛將此曲傳到英語系國家，此舉反而造成更恐怖的影響。

英語系國家的詞曲家，陸續將〈黑色星期日〉改編為英文，其中最出名的是山姆路易斯和英國作詞家戴斯蒙卡特於 1936 年合力改編的詞。而山姆不知哪裡出問題，將英文的詞改編得更為悲傷，其中副歌如下：

悲傷的星期日啊，你就像陰影一樣，籠罩著我的一生，
我的心將要和我結束這一切。
我知道很快地，祈禱者們會非常悲傷地為我點燃蠟燭，並祈禱。

請他們不要哭泣，請他們知道，我很高興地解脫了。

死亡並不是一場夢，我一直在被死亡撫慰著。

在我還有靈魂還剩最後一口氣時，我將被悲傷的星期日祝福。

著名的爵士歌手貝莉荷樂蒂，於 1941 年推出的專輯中，收錄這首歌。不過因為唱片公司在二次世界大戰的戰情最膠著時推出，在當時許多家庭因男性成員從軍而陣亡，在失去男性成員的情況下，整個社會籠罩在悲傷的氛圍裡，為此而自殺者更甚。英國 BBC 公司眼見這樣下去，會造成更多悲劇，於是再度禁止此歌曲在公開場合播放，這一禁就六十六年。當然人性是越被禁止就越想去做，於是更多的地下樂團，不但播放此歌曲，甚至保護原曲的拷貝。

〈黑色星期日〉在 1984 年又被重金屬樂團，或敵基督樂團偷渡播放，但這一復出，又造成多起自殺事件。英國一位偉大的重金屬搖滾樂手奧茲奧斯朋（Ozzy Osbourne），他在一首〈自殺解決方案〉的歌曲中，引用〈黑色星期日〉的片段，向這首自殺歌曲致敬，結果被人一狀告進法院，告他的是一位剛自殺的小孩的父母，原因是他們十幾歲的小孩在聽奧茲奧斯朋的〈自殺解決方案〉時，突然自殺了。更駭人的是，〈黑色星期日〉的片段被不斷地重複播放著。自此，這首曲子也因為這些事件，再度被人提起，也增添更多的神祕色彩。

貝莉荷樂蒂演唱的禁曲〈黑色星期日〉
https://www.youtube.com/watch?v=KUCyjDOInPU

DATE: _____ ____
SERIAL NO: _____
SECRECY DEGREE: Danger!

# 魔鬼藏在搖滾聖曲裡

Hotel California/Stairway to Heaven

　　在談過一些消失在地表上的一些禁曲後，再來談談還存在這地表上的一些被視為魔鬼崇拜的歌曲。這些歌曲一般耳熟能詳，且只要上個YouTube，馬上可搜尋到無數的轉貼或原曲的影片。不過在都市傳說中，這些歌曲在表面是朗朗上口，但經過一些歐美人士的研究後，發現其實隱藏著惡魔的身影，這邊筆者就跟大家分享一下，老鷹合唱團（Eagles）的〈加州旅館〉，及齊柏林飛船（Led Zeppelin）的〈天堂的階梯〉的神祕傳說。

　　老鷹合唱團於1977年發表縱橫搖滾樂界近四十年的〈加州旅館〉，這首歌風靡於大街小巷，略有故事性的歌詞，以及滄桑的曲目，只要學吉他的人或玩搖滾樂團，幾乎都會唱或演奏這首歌。不過〈加州旅館〉並不是在說旅館，而是在讚揚1966至1969年間，加州撒旦教堂的故事。這座教堂原本是基督教教堂，在荒廢後，被加州撒旦教教主安東拉維（Anton la Vey）佔據，成為加州撒旦教徒的聚集地，此人在當時，寫了一本《撒旦聖經》，撼動保守的美國社會。

　　據說老鷹合唱團成員是在一個叢林小木屋一起寫出這首歌，當時屋外大風大雨，突然有一個惡魔的身影經過小木屋的窗外。作詞曲的三位團員費爾德、亨利、弗瑞，突然像著魔似地，瘋狂地彈

唱及寫歌，連續數天沒有休息。直到詞曲完成後，三位團員像惡魔離開一樣，全數癱在地上。當經紀人找到他們時，發現所有人都意識不清，結果就是直接送去醫院治療。當然後來也有人認為，他們不是被惡魔附身，而是吸太多大麻與毒品，最後出現見到魔鬼的幻覺，認為是惡魔讓他們寫出這些歌。

整張專輯，除了在這首詞曲本身有惡魔的暗示外，在專輯的封面，也有諸多魔鬼的印記。曲目書的內頁中，有一張是樂團在加州旅館裡（撒旦教堂）演奏的照片；仔細看就可以見到有一個人站在二樓正上方，冷眼看著眾人在狂歡，經過一些網站將原版圖片放大，可以見到這個人就是安東拉維。這些專家不解的是，為什麼老鷹合唱團這麼知名的樂團，會邀請安東拉維一起入鏡，拍專輯圖片呢？

再仔細看這張圖片右後方，一個人形有著雙角，另一個人形簡直是惡魔的臉，如果不是戴面具，很難想像怎麼會出現有角的人及惡魔面孔的人；話說回來，沒有理由拍專輯封面時，會僅有兩個人戴著魔鬼的面具，要不就全戴，要不就僅有一到兩個人在拍攝場地，就他們戴面具而已；不會像這樣一群人中，只有兩個人戴。所以這些專家認為，是老鷹合唱團邀請安東拉維一起入鏡，結果連魔鬼都被吸引來了。

無獨有偶，被視為搖滾樂神級團體之一的齊柏林飛船，在編寫〈天堂的階梯〉時，也傳說被放進了惡魔的印記。由吉米佩吉（Jimmy Page）、羅伯普蘭特（Robert Plant）共同寫成的知名曲子

——天堂的階梯，描述有位富有的女子，想透過金錢來買天堂的階梯的整個心路歷程；當然有些人會認為這首歌寓意深遠，但有些人則認為是齊柏林飛船亂寫的歌，沒有什麼意思。另外，歌詞內容的討論，過去有很多文章可以參考，所以不再贅述，這邊介紹比較不為人知的部分。

這首歌在 1960 年代發表，但在二十二年後，也就是 1982 年，有位美國的福音傳道者保羅克羅曲（Paul Crouch），投訴媒體，當他倒過來播放這首歌時，聽到隱藏在崇拜撒旦的歌詞，他要求美國政府將這首歌列為禁歌。

他在媒體上公開播放這段歌詞：

*Here's to my sweet Satan.*
*The one whose little path would make me sad, whose power is Satan.*
*He will give those with him 666.*
*There was a little toolshed where he made us suffer, sad Satan.*
（譯文：我甜密的撒旦啊，你讓我在人生道路上，感到有些悲傷。撒旦將力量賜予我們，祂的 666 印記讓我痛苦萬分，可悲的撒旦。）

當然美國政府調查以後，認為是無稽之談，連保羅本身都跳出來說，他沒那個閒功夫去做這種事。最可怕的是，據一些都市網站的留言顯示，當年齊柏林鼓手約翰邦翰暴斃時，第一個到現場的是他們的經紀人。當他抵達現場時，聽見約翰的呻吟聲，同時收音機

正播放著倒過來的〈天堂的階梯〉，重複地播放著其中一段：「痛苦萬分……痛苦萬分。」他嚇到趕緊打電話給 911。

　　警察與醫護人員到達後，發現約翰已死，但美國對於已死的人還是會進行急救。混亂一陣子後，警察跟醫護人員將約翰送走，在臨走前，經紀人說明剛才的經過。

　　「老兄，我看撒旦真的嚇壞你了。」警察聽了後，笑說：「收音機沒插電，怎可能播放音樂。」

　　經紀人愣了一會兒，警察拍拍他的肩膀說：「而且他已經死了一天，你有見過死人會呻吟的嗎？」

# 躲在閣樓裡的陌生人

DATE: _____

SERIAL NO: _____

SECRECY DEGREE: Danger!

有看過電影《神鬼第六感》的朋友，對於劇情應該很熟，就是家中突然來了陌生人，只是雙方處於不同的世界而已。但在現實社會，就出現過多起陌生人躲在家裡的都市傳說。特別是房子有空的房間或閣樓，就要更為小心，因為很可能躲著人。

在美國就出現這種恐怖的都市傳說，在數年前，有一名男子在YouTube上放一段錄影，內容是他一個人在外租房子住，但他覺得每次睡著或出門後，家裡食物好像都會減少一些，甚至有些物品似乎被移動過，但他出門或睡著時，確實有把門鎖好，也不像有其他動物或小偷侵入的跡象，於是他在家裡擺放一個監控攝影機，在他出門後，開始攝影家中的一舉一動。第二天他回到家把影片放出來後，當場嚇得他馬上報警，同時搬出這間房子。

這影片一開始是他在講述過程，接著轉到晚上，原本應該沒有人，也沒有任何動靜的房間，突然在右上方通風口處出現一個人影，接著這個人影從上面爬了下來，可以清楚地見到是一名女子。她往四周望了一下，確定沒有人，就先到洗碗槽小便，再到食物櫃或其他地方找食物。最後走到冰箱處，打開門拿取裡面的食物，就逕自吃了起來。接著她發現有人過來，便馬上躲了起來。

這名拍攝影片的男子起床後，到冰箱拿了些東西，再回去睡覺。那女子見到沒人後，又再走了出來，到處找東西吃，最後爬回到通風口躲起來，整件事在男子不知情的情況下進行。他在看到影片的情形後，立即報警處理，但這名女子自始至終都沒有說話，所以到目前為止，也沒人知道她的真實身分。然而，許多網友開始人肉搜索這名男子，發現他是一個職業演員，有人認為整件事情是這名男子自導自演。當然這名男子也在網路上發表聲明，說他雖然是職業演員，但整件事是千真萬確的發生，沒有半點造假。

　　雖然這部影片的真實度有待確認，但實際上，在美國夏洛特市，真的有陌生人躲在閣樓裡的案件發生。一位帶有五個小孩子的母親名叫崔西，住在夏洛特市的郊區，她的房子雖只有一層樓，但屋頂中間卻有一個閣樓。她常常聽見閣樓裡有聲音，以為是鬧鬼或是有老鼠等生物在裡面。日子一久，聲音越來越大，她感到有些害怕，於是就找她的大兒子和外甥上去看，結果發現一名男子睡在她的臥房上方，仔細一看，是她十二年前分手的男朋友。幸好她的男友被關在監獄多年，直至兩週前才被假釋，因此她男友在閣樓大約住了兩週左右。

　　詳情是由於崔西的前男友有吸毒、搶劫前科，因此她索性跟前男友分手，但她前男友還繼續跟她書信往來，當然她還是不理前男友，完全斷絕關係。直到有一天，她聽到臥室上方有敲擊聲與腳步聲，天花板的釘子也掉了下來一、兩根，她感到似乎有什麼東西在她的閣樓。由於白天只有她一個人在家，因此她感到非常害怕，認為不是老鼠之類的動物，就是有惡靈作祟，於是她找人上去一探究竟。

當她的大兒子和外甥上去看時，見到一個人躺在閣樓裡。這人發現他被找到時，趕緊推開兩人，快速衝到樓下，再逃跑出這間房子。就在他跑走時，崔西剛好看到這名男子，一眼就認出是前男友，她馬上報警。不過警察到場時，這人早就不見了。警方事後調查發現，要進到這閣樓唯一的路徑，是要從她小孩房間旁邊的天花板進去，因此這人有可能在白天或半夜，偷偷潛入她小孩的房間，再跑到閣樓裡躲藏。然而，最令人驚悚的是，警方對崔西說，那人常在這一帶出沒，換句話說，他是有可能隨時再進到崔西的家裡躲藏，甚至對她有威脅。

　　這不僅在美國發生過，甚至遠在日本東京也曾於 2008 年，傳出過一名女街友進到一名獨居的男子家中躲藏一年。這名女子躲在衣櫥裡，常常偷吃這名男子家中的食物，起初這名男子以為是遭小偷，或是有老鼠偷吃他的食物，後來他擺了監視器，才發現原來這名女街友躲在他家中，當場報警處理。

**外國民眾拍攝的躲在閣樓裡的人**
https://www.youtube.com/watch?v=06X9qXTvKNQ

# 恐怖的黑眼小童

Black-Eyed Children

---

　　天蛾人，一個會預言的未知生物，從中國到美國都有見到它身影的紀錄。由於它出現的地方，就會有大災難發生，美國曾拍攝成電影。天蛾人的資料，網路上皆有，且一個寫得比一個詳細，筆者曾一段時間迷上這個生物的都市傳說。然而，美國在近期，又出現了另一個都市傳說，稱為消失的預言家。

　　這個消失的預言家，無獨有偶，在英國近三十年，也是出現類似的都市傳說，只是名稱改為黑眼小童，網路上已有對黑眼小童很多的介紹，這邊就不再贅述其來歷了。雖然這傳說發生在相異的兩地，但故事內容卻類似到匪疑所思的地步，為求傳說的真實性，筆者查了一些英美都市傳說網站，還見到不少案例，美國從 1974 年就陸續有人通報，跟英國發生的時間差不多。這黑眼小童，或是消失的預言家，到底有什麼特別的地方？筆者找了一個最近的案例跟大家分享。

　　在 2012 年，有一位美國婦女在加州郊區的公路上開著車。當時已半夜兩點，美國一般郊區的公路是沒有路燈，所以僅靠著她的車燈，照亮前方的路。在開了一段時間後，她感到有些疲倦。開過車的朋友都知道，假如一直開著筆直的路（如花東的公路），就算在白天，也會感到疲累，更不用說是半夜。

當她開到眼皮快闔上時，前方路旁有個黑影在招手。在經過黑影時，她頓時嚇醒，趕緊煞車。各位看到這裡，一定說快點開走，怎麼會半夜停在路邊載客。不過美國人就是這樣，習慣載路邊的攔車者。她車往後倒退了一小段，停在攔車者旁。她打開另一邊窗戶，見到是一個戴著棒球帽的小孩，但看不清面孔。

這位婦女揮了揮手，請小孩上車。這小孩毫不客氣地打開車門，就坐了進來。由於天色太暗，只有前方被車頭燈照亮，她這時也沒多想，就踩油門，繼續往前行。在走了一段後，婦女問著這小孩從哪裡來，或是他想去哪裡，但這小孩一直不吭聲。在繼續走一段後，婦女按捺不住，心想這小孩真沒禮貌，也不打聲招呼，也不說要去哪裡，於是她把車停在路邊，把車內燈打開，看著這小孩問話：「小朋友，你到底要去哪裡，如你不說話，我是很難再繼續載你。」

只見這小孩轉過頭，把棒球帽拉了拉後，看著婦女說：「我的眼睛……」

婦女只見到兩顆眼大如珠的黑眼睛，沒有眼白，眼眶裡全是黑色。她嚇到尖叫，摀住了臉。過一會兒，她再看那小孩時，小孩早已不見蹤影。她趕緊往前開車，連超速了都不知道，直到有個巡警騎著重機攔下她，她才停下了車。

巡警問她為何開那麼快，她驚魂未定地說：「你一定不敢相信剛才發生什麼事。」

「女士，說來聽聽。」巡警客氣地說。

「剛才我載了一個小孩，他的眼眶全黑，似乎沒有眼珠，一轉眼間，他就消失在我車內。」婦女喘著氣說。

「女士。」巡警笑了笑：「這妳不是第一個說了，剛剛前面已有五位駕駛說過同樣的話了。」

對於這黑眼小童，大部分外國人註解，他們跟天蛾人一樣，是來警告人們會發生災難；然而，有些報導是說黑眼小童會放出腦電波來催眠人們，只是又說不出催眠人們的目的，所以筆者比較偏信這些黑眼小童類似天蛾人的說法，且他們跟天蛾人一樣，一雙眼眶全黑。筆者研究這件事時，發現美、英國在1974、1986、1990、2012年都有同樣的案例。就拿2012年來說，當這位婦女跟幾位駕駛見到消失的預言家黑眼小童後，據洛杉磯時報報導，美國幾乎遭遇了所有的天然災害，包括龍捲風、山林野火、乾旱、颶風等，天然災害造成的損失達一百一十億元，加上其他人為災害，損失共為一千四百億元。

其他年分有：

1990 年，英國發生伯恩日暴風，九十七人死亡，損失 33.7 億英鎊。

1986 年，安德魯風暴，死亡三十五人以上、美國史上屈指可數的超大型風暴。佛羅里達半島受災嚴重、瞬間風速達到 80 英里 / 小時，損失兩百億美元以上。同年，英國倫敦地鐵發生大火災，倫敦最繁忙的國王十字地鐵站在傍晚發生嚴重火災，造成三十二人死亡，一百多人受傷。

1974 年，英國發生大乾旱，此後連續兩年，地表溫度平均在 27 度，為英國史上最大乾旱事件。

在這些事件發生時，恰巧都出現黑眼小童。跟天蛾人一樣，有人認為他（她）是預言家，也有人認為他（她）是帶來災難的惡魔。真實的狀況如何，恐怕真相就跟其他都市傳說一樣了，沒有一個定論。

# 從地獄爬出來的魔物們

DATE: _____
SERIAL NO: _____
SECRECY DEGREE: Danger!

雖然科學已經很進步，但很多生物仍處於未知的狀態，如大腳怪、雪人等。這些生物雖然看起來兇猛高大，但似乎未傳出傷人事件，然而有些都市傳說中的怪物，則不但會傷害人，甚至傳出奪取人類或其他動物性命的事件。

拉克（The Rake）的都市傳說存在於歐美地區多年，最近一次是在 2003 年夏季，美國東北部的一戶人家，在拍攝家庭錄影帶時，突然拍到一個奇怪的生物，這個生物長得像是地獄裡爬出的惡魔，形狀像人，但有著獠牙，像個野獸一樣，雙眼在黑暗中會發亮；隨即拍攝者被這生物抓走，不知去向，後被美國警方列為失蹤人口，但影帶不知為何，居然流到當地電視台手上。

雖這家電視台以獨家形式整晚播報此新聞，照理說第二天此新聞會散布全美，甚至全世界，但最怪異的是，第二天不但沒電視台報這則新聞，甚至連報紙也沒有記載，似乎沒發生過此事一樣。

美國人有個特色，就是一出現未知的事物，就馬上直指是美國軍方的祕密武器，或是跟外星人的交易，如有名的道西戰爭、第51區等。看過這生物新聞的美國人自然也不例外，某些有心的居民將此事歸罪於美國軍方，認為美國軍方一定又在研究什麼神祕生物，並命名為拉克。不過這種事來得快，去得也快，一轉眼就沒什麼人關心了。

此事沉寂許久後，2006 年又在愛達荷州的鄉下又傳出相關事件。有一對夫妻在晚上睡覺時，聽見房裡有人在走動的聲音。由於聲音實在太大，兩夫妻怕是有小偷進來，因此丈夫拿著一把獵槍，與一支手電筒，單獨去查看聲音的來源，臨走前還叫妻子躲在被子裡不要動。

　　在美國，鄉村地方的房子大多有兩層或三層樓，這夫妻的房子就有三層樓，第三層是閣樓，大部分拿來做儲物室。當丈夫慢慢地巡完一、二樓時，又聽見腳步的聲音，這次是從閣樓發出來的。他慢慢走上閣樓，並拿著手電筒往裡面照。就在他進到閣樓裡面時，手電筒突然照到一個類似人眼一般的兩個反射體，他仔細看一下，發現有個類似人的生物蜷縮在閣樓後方。他喊著：「不要動，再動我就開槍。」

　　那生物起先一直看著丈夫，兩人僵持一陣後，那生物以飛快的速度衝向他，把他撞倒在地後，衝下樓去。他好不容易撐起身後，趕緊往下樓走，想要看清楚那生物到底是什麼。

　　他這次很小心翼翼地巡完一、二樓後，並未找到那生物的蹤跡。最後他回到了臥室，對著躲在被子裡的太太說：「妳不會相信我剛看到什麼，一隻奇怪的生物，像個人，又像猴子，把我撞倒後，就不見了。」

　　躺在床上的太太久久沒反應，於是他打開燈，見到眼前的景象，整個人汗毛豎起，全身無法動彈。原來那生物正在啃食著他

太太的腦子，他下意識地拿起獵槍朝那生物射擊，但因為他全身發抖，所以沒有擊中，只見生物抓著他太太的屍體，破窗而出。他雙腿無力地跪在地上，久久不敢相信眼前所見到的一切。後來警察來了，根本不相信他所說的，認為是他殺了他太太，將他逮捕。

爾後有專家研究此事，發現早在 12 世紀，就有這種生物出現在全球四大洲，並有文獻記載，有人說它為惡魔之子，也有人說它為從地獄爬出來的生物。

許多都市傳說如森林暗鬼（Slender Man）或日本裂嘴女、八尺大人等，都沒有人見過或有照片，不同於這些可能是虛擬的傳說，拉克最可怕的地方在於，它常躲在床底下，有人用攝影機拍到，且還不只一個；不僅如此，在這些目擊者中，有人承受不了壓力自殺了，有人則是失蹤，還有人發瘋，僅有少部分人平安無事。這些自殺、失蹤、發瘋的人，過去所遺留下來的日誌或信裡，都有記載著拉克的事。下列幾份文件是被美國警方所公開：

最早在 1880 年，一名被診斷出精神分裂的西班牙人，在精神病院裡，寫了一篇文章：

「我剛經歷了一生最恐怖的時刻、我剛經歷了一生最恐怖的時刻、我剛經歷了一生最恐怖的時刻。我在閉上眼睛前，看到了它的雙眼，還有黑色的形體，它尖銳的爪子似乎想要刺穿我的身體。我還活著，但是我永遠無法入睡了，因為它恐怖的叫聲烙印在我腦海裡。」

到了 1964 年，一位美國男子疑似見到拉克後，在自殺前所留下的遺書：

「當我決定結束我的生命時，我感覺我的痛苦與罪惡也將被釋放。這世上除了拉克以外，沒有人給我這麼恐怖又痛苦的感覺。當我今早醒來時，它就出現在我的面前，它的形狀令我作嘔，它的叫聲一直在我腦袋裡揮之不去。當我跟它的眼睛對望時，就算我閉上眼，也無法揮去那恐怖的眼神。我現在連張開眼睛都很害怕，所以寧願選擇了死亡，也不願再痛苦地活下去，再見了。」

警察在搜尋這名男子的家中時，還發現另一封剛寫好的信，擺在遺書旁邊，上面寫著：

「親愛的蘭妮：
願上帝保佑妳和妳的丈夫，雖然它的聲音很恐怖，但我確實聽到它在叫喚妳們的名字了。」

2006 年大概是發現拉克最多次的一年，在眾多的類似報案案件中，有一件最令人觸目驚心。在美國東北部的一個小城，一位婦女半夜被鄰居發現不省人事地倒臥在大門前的血泊中，鄰居趕緊打 911 緊急電話。警察來了之後，立即把婦女送去醫院。其他警察在搜索房子內部時，發現房子內部有一具腦袋只剩一半的少年屍體。

這位婦女在情況好轉後，對著警察敘述當時經過：

「我叫梅西，原本有一個美好的家庭，但在拉克出現後，我的人生已成絕望了。

三年前，我和先生、女兒、兒子一家四口，從尼加拉瓜大瀑布渡假回來，由於玩得太累，每個人一到家就直接往床上躺了。清晨四點，我先生起床上廁所，我也跟著醒來。在他上完廁所後，我們兩個因為沒有了睡意，於是開始打鬧了起來。就在打鬧間，我先生突然停了下來，雙眼瞪著我後方。起先我不知道發生什麼事，但看到他的眼神很恐懼，於是我慢慢地轉頭看，我整個人呆住無法言語了。

在我的床邊，有一個全身沒有毛髮，形狀很恐怖的生物一直注視著我，對著我吐氣，我嚇到無法動彈。我先生迅速地拿起身邊檯子上的花瓶，向它砸了過去，同時也把我拉到他的身後。當那生物受到攻擊後，有如發狂的野獸，一直對著我們大吼。我先生把身邊的電話拿起來，再砸了過去。那生物似乎非常生氣，一面對我們吼著，一面往房外跑。當我們回神後，我聽見女兒的叫聲，我和先生趕緊跑了過去。

我們到女兒房間，見到眼前的景象，嚇到說不出話來，那生物在啃食我女兒半邊的臉。我先生立刻拿起身邊的鐵棍，衝向那生物，不斷地打著它。那生物吼叫了半响，嘴裡還嚼著我女兒不知是耳朵還是什麼，破窗而出，我先生立刻帶著我女兒送醫。在送醫途

中，我先生為了趕路，把車子撞進小河裡，最後他們兩人都死在車上了。

之後我和兒子都不敢回家，只敢在外面租房子住，要不然就是住親戚家。事情就這樣過了三年，當我情緒漸漸平復後，我和兒子又回到原來的家，由於出事後，我們重新裝潢過，因此家中除了多了灰塵外，並沒有太多的改變。我把女兒的房門封了起來，不再讓人進入，以免想起傷心往事。

當我們安頓好後，我兒子去廚房拿牛奶喝時，突然發出淒厲的叫聲。我發現事情不對，我拿起了壁爐旁的鐵棍，衝到廚房去，赫然見到那生物在啃食我兒子的頭。我發了瘋似地拿著鐵棍一直打它，它一直用它爪子抓我、刺我。最後我狠狠地往它的眼睛刺下去，它大叫一聲，再次破窗而逃。我忍著全身的傷，爬到門外，接著就失去意識了。」

僅管出現許多受害者，但拉克似乎仍未被捕捉過，且部分都市傳說網站還舉證說世界上不只一隻拉克。美國緬因州的伯維克小城的一位小學生在其中一個網站留言：

「當我知道有拉克這生物時，我興奮地上網找資料，但都以傳說居多。直到有一天，我在回家途中，發現有美國國民兵和警察（美國除非有危害到國家的重大事件發生，否則是不會出動國民兵）搜索我家附近的樹林。我好奇地走近一點看時，有位警察跟我說，叫我趕快回家，把門窗鎖好，附近有野獸橫行。

我回家後，見到父母緊張地把全家門窗鎖住，而晚上電視新聞播出一則發現『伯維克小城的怪物』標題的新聞，馬上就聯想到，原來國民兵和警察在找的是拉克，我全身不自主地抖了起來，只要有聽到風吹草動，我就認為是拉克來找我們了。」

拉克就跟森林暗鬼一樣，在歐美間的傳說不斷，但這是第一個被鏡頭補捉到的都市傳說生物，也有許多生還者在網路上留言此事及影片佐證，更有歐美人士認為拉克是「撒旦將它的兒子送到了人間」。

另一個地獄爬出來的魔物為猿恩（Jinn），有關猿恩的都市傳說一直流傳於東南亞地區，其中又以印尼或馬來西亞為主要出沒地點。2015 年中，馬來西亞出現一個詭異的新聞，七名住在話望生（又稱話毛生）村落的馬國原住民小孩，竟然在附近的森林無故失蹤，這座森林在過去十年間，已有九人失蹤，當地人民，甚至是媒體，都認為這件事已涉及靈異事件，更不排除是猿恩所為。

這個話望生位於吉隆坡與檳城中間，是原住民聚集的村落。失蹤的是當地小學生，在他們去附近森林河邊玩的時候，卻遲遲沒有回家，等到父母發現時，已是天黑，無法進去森林搜尋，只好趕緊報案。在搜救過程中，首先發現兩具小孩的屍體，確認是失蹤的七人其中之二。近期又再發現兩位女學生，較慶幸的是，這兩位女學生還活著，只是瘦到非常恐怖，僅是人皮包著骨頭。

比較奇怪的一點是，這兩位生還者跟其中一具屍體發現的位置差不多，但時間點還晚那具屍體數日，而那具屍體也已經腐爛。換句話說，這具屍體應該在一開始失蹤的時間就已死亡，但兩個生還的小孩似乎與腐爛的屍體在一起，但卻不自知。而第二具屍體是在第一具腐屍發現處約八百公尺距離，更詭異的是，第二具屍體早就變為骨骸。換句話說，四人是同時失蹤，但一個成骨骸、一個成腐屍，兩個活著，令人想不透的是，為什麼有人活著，有人卻早已成了骨骸，到底之間發生了什麼事。

　　警方認為，這些小孩是陸續死亡，而這兩位活著是因為他們只靠飲水維生，不過也奄奄一息了。照這個情況來看，剩下三位小孩要生還的機率也不大了。有一些當地人謠傳是獏恩所為，而獏恩是印尼、馬來西亞一帶的惡魔。祂會附在人的身上，也會誘拐當地居民，比一般我們所稱的魔神仔更為恐怖。

　　獏恩在東南亞各地會幻化成不同的形態，其中一種是以四足類的動物形態出現，大部分是住在森林裡面，當有小孩或外地遊客進到森林遊玩後，會幻化成動物或是人類，誘拐這些小孩和外地遊客，有些被誘拐到森林深處的，會被取其性命，有些比較幸運逃出來的的，則是奄奄一息。

但如附身在一般民眾身上，則就像國外被惡靈附身的人一樣，會傷害自己和他人。有位專門研究靈異學的學者就指出，由於猱恩類似回教的撒旦，因此在祂附身人體後，回教牧師要唸可蘭經為此人驅魔，其整個過程跟《現代驅魔師》不遑多讓。近期因東南亞回教國家有關驅魔及人間蒸發事件頻傳，致使猱恩開始受到外界的矚目。

　　每個宗教都有屬於自己的惡魔，如基督教、天主教視撒旦為惡魔，東方宗教則視奪取人命的惡靈為惡魔，而印尼、馬來西亞一帶的回教徒則以猱恩為惡魔。這些惡魔的共通點，就是會在無形或有形的情況下，傷害人類。也因此，各宗教都有自己的驅魔儀式，基督教或天主教則會由驅魔人讀《聖經》中的驅魔段落，以驅趕惡魔；東方宗教則有各種不同的驅魔儀式，如作法、畫符等；回教驅趕猱恩的作法，則是以讀《可蘭經》的驅魔段落為主。

**猱恩驅魔影片**
https://www.youtube.com/watch?v=yY-nJigkHnk

# 洛杉磯星際大戰

Battle of Los Angeles

DATE:

SERIAL NO:

SECRECY DEGREE: Danger!

近期很多人討論道西戰爭，簡單來說，就是有一位前道西基地的員工爆料，在新墨西哥州道西鎮下，有個外星人的基地，裡面拿人類和其他動物做實驗，原本美國政府同意跟他們合作研究，但因為被抓的人類越來越多，美國政府就派軍方去掃蕩。當然結局就是外星人沒死光，而攻進去的人類僅有少部分逃了出來，這報料的員工就是其中之一。

然而這只是都市傳說之一，另有一起更懸疑的傳說，就是在1942 年，美國洛杉磯的空中突然出現巨大飛行物，差點引發星球大戰。更奇特的是，居然有人把這個飛行物用相機照了下來，刊在很有影響力的《洛杉磯時報》上，撼動整個美國。

因美國軍方對著飛行物打著許多探照燈，因此這飛行物非常清楚地呈現在當時現場的人們面前，包括幾名攝影師清楚地照下該飛行物。根據當時的居民表示，當時有十五架戰鬥機分為五個隊伍飛到飛行物旁，並直接開火，而探照燈打得整個夜空像白天一樣亮。這位居民嚇到不斷地尖叫，因為軍方射出的炮彈很有可能會擊中他們。而這幾架戰鬥機不斷地攻擊，並尾隨著這飛行物，一直到聖培卓城。當報紙第二天刊出來時，這位居民開始計劃帶著家人移民到其他地方。

由於當時剛經過日本轟炸珍珠港事件不久，再加上日本潛艇居然躲過美國雷達，發射一枚類似汽油彈的武器到聖塔芭芭拉海岸邊，美國本土正處於緊張的狀態。在 1942 年 2 月 25 日的夜晚，洛杉磯上空出現一個巨大飛行物，美國軍方緊急動員，以為是日本又派來什麼武器，於是對這個飛行物總共射擊一千四百發防空砲彈。

　　過去美國政府掩飾了許多外星人到地球的真相，這一次因在美國主要都市上空，又有真槍實彈的射擊，想躲都躲不了。然而美國軍方以一貫操弄媒體的態度，公布只是預防性演習，甚至在四十年後，在媒體上發布，這一切都是一個熱氣球所造成的誤會。不過熱氣球被上千發炮彈射擊，怎可能毫髮無傷，沒有任何人相信美國軍方的說法。

　　當晚的重點並不是只有這架飛行物而已，而是有數十架的飛行物跟在這台主飛行物後面。這次攻擊也造成一定程度的傷亡，部分死者是死在美軍的炮火下，而房屋也有受損，較特別的是，居然有死者是因為炮火猛烈，被嚇到心肌梗塞而死。不過這神祕的飛行物遭受猛烈攻擊後，卻未有任何損傷。在此之後，美國各大都市到現在都有看到不明飛行物體的紀錄，但美軍從未出動過軍隊攻擊他們，洛城的不明飛行物事件，則是美軍史上第一次對著非人類敵人進行攻擊的事件。

洛杉磯時報刊登外星人於市中心與美軍大戰的圖文。

# 詭異的全家福遺照

Murder of Lawson family

DATE: _____

SERIAL NO: _____

SECRECY DEGREE: Danger!

---

　　有時候，一張看似普通的照片，背後隱藏了許多不為人知的故事，而當大家知道真相後，往往令人不寒而慄，美國知名的勞森全家福照片，就是這樣的情形。 1929 年，住在北卡羅南納州的美國煙草商人——查理勞森，在聖誕節前夕帶著一家人到城裡買新衣服，因為他們要拍全家福的照片。

　　在這張全家福照片裡，查理和他太太芬妮，及他們的小孩瑪莉、亞瑟、凱莉、梅貝爾、詹姆斯、雷蒙和瑪莉勞等人。看似很幸福的一家照片，但詭異的是，照完這張照片的第二天，照片裡的人幾乎全數死亡，僅有亞瑟一人倖免，彷彿是為全家留下遺照一般。

　　12 月 25 日，聖誕節當天，查理一如往常地從到煙草廠視察，但他中途突然像是著了魔似的，拿著他的槍，先到他兄弟家，將住在他兄弟家的兩個女兒凱莉、梅貝爾直接槍殺，當他兄弟回到家，見到屍體時已來不及，他已經回到到家裡。他兄弟嚇得立刻報警，但為時已晚，勞森已回到家裡將全家成員射死。

　　警方後來視察現場後，判斷他是用同一把槍射死他的太太芬妮，而他的女兒瑪莉極有可能目睹這一切時，嚇到無法動彈，不斷地尖叫，他直接舉槍射死瑪莉。警方認為，他的另外兩個小孩，詹

姆斯、雷蒙聽到瑪莉的叫聲與槍聲，心知有問題發生，立刻找地方躲了起來。然而，查理在殺了妻女後，冷靜地拿著槍巡視全家可躲藏處，意志堅定地要殺遍所有人。當他走到詹姆斯、雷蒙的躲藏地點時，見到兩人嚇得抱在一起發抖，他冷血地直接向兩人開槍。

警方研判，查理在殺了詹姆斯及雷蒙後，突然聽到才幾個月大的瑪莉勞的哭聲，他直接朝著哭聲走去，找到了躺在嬰兒籃裡的瑪莉勞。這時他拿起槍托狠狠地朝瑪莉勞打下去，小嬰兒當場頭破血流，腦漿迸出而死。事發當時，亞瑟因為在城外工作，因此逃過一劫，而全家也只剩亞瑟一人還活著。

當警察找到一家人的屍體時，發現匪夷所思的一點就是，全家人的死狀是躺在石頭上，雙手呈交叉狀環抱胸口，僅有查理是舉槍自盡的死狀，因此判斷他將家人全數殺害後，開始把家人的屍體，一個個拖出家門外，當他處理完最後一個人的屍體後，獨自一人走到森林。警察看了一下現場，發現他的腳印遶著一棵樹走了幾圈後，才舉槍自盡。

至於查理為何要在照完全家福後，殺害全家人，沒有人知道實情，有人認為他是被魔鬼附身，也有人認為他突然間地發瘋了，更有人認為他因為一些不倫戀，造成這次慘劇，總之真相也隨著他的死，而石沉大海了。爾後，他們一家人的屍體全部葬在一個沃那叩夫市旁的一個墓園內，由於天主教的一些限制，非自然死亡者，不允許埋在教堂墓園內，因此這家人的屍體必須埋在教堂的區域外。不過教堂的這一個決定，讓死去的勞森一家靈魂不得安寧，一些靈異事件也隨之而起。

其中最有名的就是勞森一家的墳墓四周，雖然有大樹在旁，但從未有人見過葉子掉落在上面，而其他附近墳墓則不會出現此狀況。當然，也有人反駁此事，說是後人穿鑿附會，但勞森為何會殺害全家，則仍是一個謎團。

在勞森屠殺全家的新聞曝光後，說也奇怪，這棟死了八個人的凶宅，居然成為當地的知名景點，每天來參觀的遊客絡繹不絕，甚至還遠從數百英哩，跨州來這邊看這景點。而這些遊客中，有些人進到凶宅裡，或靠近墳墓，就感到非常地痛苦，甚至很憂鬱，有些人更認為勞森一家的鬼魂在他們身邊徘徊著。

有一些曾到過勞森兇宅的遊客指出，他們見到有兩個小孩在房子裡奔跑，有時會跑上樓，有時跑到後面院子，但一轉眼，這兩個小孩就不見了。後來媒體不斷報導此事，把全家福照片刊出來時，他們才發現，原來看到的小孩，是已經死去的小孩。另外，還有人拍照片時，裡面出現勞森的家人。

勞森的兄弟後來決定關閉這間凶宅，不讓其他人再來看，甚至許多靈學會的人想來探訪或探測，也都一一被回絕。因為勞森的兄弟認為，這是件不光彩的事，就讓勞森一家把真相一起帶入地下。然而，靈異事件並未因關起凶宅大門而解決，反而衍生出更多恐怖的事。

在勞森一家陳屍的附近，有一片樹林。後來這片樹林被市政府人員砍下來，拿去當做附近河岸搭建木橋的材料，而就這一舉動，

造成另一樁靈異事件。有些居民或遊客，開車經過木橋時，突然出現大霧；大霧中，隱約可以看到一人手牽著手，走過他們車旁，然後消失不見。

最詭異的是，有些人開車經過木橋時，外面出現大霧不說，當經過木橋後，大霧散去，卻見到幾個黑色的小孩手印，印在擋風玻璃或車窗上。甚至有時居民或遊客的車在半夜經過木橋時，卻看到有另一台停產已久的車，一直緊跟著他們，不管快或慢，都緊跟在後面，當開了一段路後，這台神祕的車會開到被跟的車旁，然後被跟車輛的駕駛和乘客，會見到這台神祕車裡面，載著面無血色的一男一女及一群小孩，超到他們前面去後，消失在他們眼前。

或許勞森一家的鬼魂，真如當地居民所說，因為教堂決定不讓這家人葬在教堂的墓園裡，而一家靈魂無法安息，甚至祂們可能還不知道，自己已經死亡，而仍在人間徘徊。至今，勞森為何會發瘋地屠殺全家，仍是個未解之謎。

詭異的勞森全家福照片。

# 印地安傳說的鹿女

Deer Lady

DATE: _____
SERIAL NO:_____
SECRECY DEGREE: Danger!

---

　　鹿女是在北美印地安人間的傳說，出現在山裡面，通常會化身為年輕女性、老婆婆等樣貌，來誘惑男子。她的上半身為女性，下半身為白尾鹿身，雙眼則是跟鹿一樣。她在誘惑男子時，會躲在草叢裡，露出上半身，讓男子被迷惑，進而在失去意識的情況下，替鹿女殺掉祭品，或是被鹿女殺掉當祭品。不過這只是傳說，但近期國外網路傳出一張照片，是一名女子攀登美國阿拉巴馬州的齊哈山時，所留下的背影照片。也就是因這張照片，再度讓人討論起鹿女傳說是否真的存在。

　　這張照片看起來是一般人去玩時都會拍的照片，而拍照的人是她的男友。而詭異的是，這張照片拍完後的下一秒，在她身後的男友立即拿出點22的來福槍射殺她，這張照片也成了這名女子的遺照。然而這名男子為何在無任何跡象的情況下，開槍射殺女友，據說是恐怖的鹿女迷惑這名男子所下的手。

　　這名女子名字是為裘莉妮可卡倫，射殺她的男友名字為勞倫丹尼爾伯勒。勞倫在射殺完裘莉後，當晚直接跟警方投案，警察也於晚上找到裘莉的屍體，陳屍處就是在這張照片的地點。勞倫原本是計劃與裘莉一起登山，並於前一日出發，沿路不定時地拍照，並分享於社群網路上。從勞倫一連串在社群網路貼上的照片來看，似乎很開心地跟裘莉去一起去爬山，甚至他的社群網路上，留下期待的字句。

在出發前，也就是 9 月初，他寫著：「寶貝，我要給妳一個驚喜，這個驚喜會讓妳開心。它也許是個旅行，當妳踏上旅途時，你可能會被水弄濕。不過不要擔心，這趟旅途不會太過於困難，妳準備好要往亞特蘭提斯走了嗎？」

　　一切看起來似乎都很順利，就像一對熱戀中的男女即將一起出去玩。不過在爬山路的第二天，他卻突然在拍完照後，將她射殺了，其動機不明。當他殺完裘莉後，當晚自動去當地警局投案，警方一面將他拘留，一面調查其動機。

　　但部分國外的網站上，卻出現另一種說法，由於鹿女平常會躲在山中，一旦有人類接近，她才會開始進行殺戮，否則她是不會主動跟人類接觸。有人揣測，他們兩人是侵犯到鹿女的地盤，因此在鹿女的迷惑下，將他的女友殺害，成為鹿女的祭品。不過當然在沒有證據的傳說下，似乎只能夠猜測其動機。然而古印地安人已經失落許久的傳說，又再一次因這個凶殺案，引起國外廣泛討論。

DATE: ＿＿＿＿＿＿＿＿

SERIAL NO: ＿＿＿＿＿

SECRECY DEGREE: Danger!

# 死亡河流上的彼岸花：荼蘼與曼珠沙華

　　過去知名女歌手王菲唱過〈開到荼蘼〉及〈彼岸花〉兩首歌，另一位日本女歌手山口百惠唱過〈曼珠沙華〉，後來女歌手梅豔芳也有翻唱過，到底這三者是什麼關係？又有什麼樣的都市傳說呢？筆者曾在日本知名的都市傳說網站 2ch 看到過一些故事，當時印象深刻，一直記在心裡，趁這時間點在這邊跟各位分享。

　　彼岸花，詛咒人們生生世世都不能在一起，有人說：「彼岸花，開一千年，落一千年，花葉永不相見。情不為因果，緣註定生死。」意即是在死亡道路的彼岸所盛開的花。由於沒有人見過彼岸花，只有死亡之時才能見到，於是有些人就將曼珠沙華稱為彼岸花，因曼珠沙華色澤鮮紅，盛開之時，猶如血海一片，所以穿鑿附會後，統一稱為彼岸花。

　　然而，在都市傳說中，彼岸花並非為曼珠沙華，原因在於曼珠沙華隨處可見，這怎麼會讓人看了就走向死亡呢？所以就當作另一都市傳說就好了。真正的彼岸花是沒有人見過的，據一些都市傳說形容，彼岸花與荼蘼類似，或有人直指就是荼蘼，但當然，見過荼蘼的也是大有人在。不過根據一些都市傳說與筆者的親人往生前經驗來看，彼岸花的長相，就類似荼蘼。筆者曾經有親人往生前，在迴光返照時（人在往生前，會有一段清醒期），說出見到一座開滿白花的花園，不久後就往生了。

根據日本討論區 2ch 一些禁止轉載的文章中，有一篇曾提到類似的案例。西元 2000 年，日本江東區發生美女漫畫家被殺害事件，當時震驚全日本，到目前為止，兇手仍未找到，匪疑所思的是，這位漫畫家平常生活單純，且出事時，家中財物沒有損失，也非為仇殺或情殺，到底為何被殺害，仍為日本知名懸案之一。負責處理事件的警視廳，曾在網路上流出一段警員們的對話內容。下方姑且稱警員 A 跟警員 B。

　　警員 A 與警員 B 在派出所值班時，突然接到上級指示，要去江東區處理一個殺人案件。警員 A 因在處理公文，於就對警員 B 說：「你先過去處理，我待會弄完這份公文就過去。」

　　由於警員 B 是菜鳥，全世界都一樣，當菜鳥的就要聽前輩的話，幸好這菜鳥膽子很大，於是允諾出發。

　　警員 A 處理完公文後，準備出發到命案現場；他拿起對講機問著警員 B：「我現在要過來了，你那邊處理得怎樣了？」

　　警員 B 並未立即回話，只聽見嗚嗚的聲音（類似有人在唱多重奏），過一會兒，才聽見警員 B 說話聲：「這裡狀況很平靜，我沒發現屍體，但從進來到現在，我只見到整屋子的白花。」

警員 A 納悶了起來，這上級難道接到謊報嗎？他腳步加快地往命案現場過去。大約過了十分鐘，他到現場，發現整間屋子都是暗的。他再對講機呼叫警員 B：「我到門口了，但怎麼沒開燈？」

　　在對講機傳出一陣嗚嗚聲後，聽見警員 B 說：「全屋子都是亮著的，白花照亮了整間屋子，我有點迷失了。」

　　警員 A 畢竟是老鳥，在這間日本傳統的房子中（註：日本傳統房子都只有一條走廊通到各房間，就算有二樓也是），怎會迷路呢，直覺認為情況不對勁，於是當下打回警視廳請求支援，再迅速地進到屋子裡。這時只見整間屋子都是黑暗的，他拿起手電筒，往大廳照了一下，很快地就發現被絞死的女漫畫家屍體，但他卻見不到警員 B。他拿起對講機，再度呼叫警員 B，只聽見微小的聲音回應：「……我見到了彼岸（日本泛稱死亡世界為彼岸）。」

　　接下來，警員 A 無論怎麼呼叫，對講機再也沒有警員 B 的聲音，只有不斷發出的嗚嗚聲。後來日本一些靈異節目，有介紹到這間命案的屋子，但由於日本警方怕傳出迷信的聲音，因此日本警方封鎖此一消息，當然在網路時代，是沒有永遠的祕密。不過警員 B 後來的下落與警員 A 處理的狀況，則沒有下文了，反倒是女漫畫家殺人事件還搬上了銀幕，拍成電影。至於彼岸花的故事，則成為日本警視廳的未公開懸案。

DATE: _____
SERIAL NO: _____
SECRECY DEGREE: *Danger!*

# 香港都市傳說：大樓無主孤魂牌位奪命

　　有關於香港的鬼故事，實在多到隨便用谷歌大神一查，就出現很多頁，但有些被隱瞞起來的鬼故事，則是比什麼辮子姑娘、吊頸嶺、高街鬼屋、金鐘石獅、沙田馬鞍山巴士拖著老婦事件還要恐怖太多。此事因為發生在不久之前，又非常恐怖，所以香港的朋友應該記憶猶新，筆者在這邊介紹一下。

　　香港有個知名的節目叫《恐怖在線》，主要是探訪香港的靈異話題與地點，而這節目較為出名的是，都會有個線人爆料，然後探訪其地點。然而在幾年前，有位化名陶夫的線民，因報導一樁真實恐怖事件，沒多久後就自殺了，有人懷疑是因為他報導了一個無主孤魂牌位一事，並還對此牌位照相，造成他不斷碰到靈異事件，進而受不了自殺的主因。

　　這位陶夫是一位靈異發燒友，常在節目裡分享經驗或提供資料。有一次他帶著主持人潘紹聰到銅鑼灣一間知名大樓的樓梯間，介紹一個「無主孤魂」牌位。雖然此大樓很多人走動，陽氣頗旺，但就這個樓梯間沒什麼人經過，陰氣非常之重。不要說有感應的人，就算普通人經過，都會感到不寒而慄。

　　據傳說，這牌位是供奉當年香港一位自殺的知名影星，不知哪位人士，將牌位供奉在樓梯間，時常有人會去祭拜的痕跡，但就連

大樓管理員或工作人員，都不知道是誰會去祭拜，甚至拜的到底是誰？當時隨著主持人和陶夫去探訪的有另一工作人員，此工作人員指出，雖然他很資深，也知道這邊有個牌位，但卻不知供奉著誰，因為牌位在他來之前就存在了。

然而這位陶夫在跟主持人介紹完這個無主孤魂牌位後，隨即失去了聯絡。隔了一年，主持人輾轉得知，在一年前陶夫介紹完這牌位，並照了幾張相後，似乎中了邪一般，常常獨自一人在樓梯間流連，最後在未知的原因下，燒炭自殺收場。

這件事震動整個《恐怖在線》的聽眾，因為陶夫在節目中很有名，當他消失不見時，許多聽眾打去節目問他下落，但主持人都不肯說，直到此事發生的五年後，他才在節目中透露。當時香港《壹週刊》訪問主持人時，他低調帶過此事。比較特別的是，往日主持人帶人去探訪靈異地點時，都會說出該地的地點特徵，但就單這事件，他什麼都不說，甚至要所有聽眾不要再問，也不要再探訪此地點。

當年陶夫仍在世時，他有個網路相簿存有這些照片集，照片中有詳細的地點特徵，筆者也看過，但現在相簿網址已失效了，大部分相片也被刪掉了，以防有後續事件發生，不過仍可找得到幾張照片。

DATE: _____
SERIAL NO: _____
SECRECY DEGREE: Danger!

# 香港第一猛鬼景點：
# 元朗屏山達德學校與高街鬼屋

國家地理頻道曾列出亞洲國家的鬧鬼知名景點，排名第一的是香港元朗屏山達德學校。相信香港的朋友，大概都知道這個地方的恐怖，也只有號稱香港最陰之地的高街鬼屋可以相比。由於這個景點非常詭異，曾有計程車司機載客經過時，見到滿地的金紙和香燭，後來計程車司機都不願意載客到這地方，因為實在太過離奇了。

元朗達德小學會成為猛鬼景點，主要是在這邊死亡的人數過多。根據網路資料指出，1941 年日本攻佔香港期間，有大批的屏山村民，因抵抗日軍而被槍殺，屍體就直接葬在現為小學處的操場與校舍中。也有一說是 1899 年，英國強迫清廷租借新界時，這群村民抵抗英軍而死。不論如何，大批村民的死亡，使這附近成為猛鬼的聚集地。當然除了村民死亡的傳說外，在小學建好後，其中一任校長（或有一說是校長的太太），因故在某棟樓的二樓女廁上吊自殺，因此鬧鬼事件，更是變本加厲，越傳越凶。

達德小學已於早年廢棄不用，後來附近年輕人常去裡面玩生存遊戲。雖未曾聽過當地居民出事，但有些從外地來的人卻是遇上靈異事件。其中最出名的，也曾被當地媒體報導過的是女學生中邪事件。這十二名來自天水圍的中學生，下午四點一起約好進到達德小學探險。由於達德小學附近的山徑，沿路都是墳墓，因此他們在進到小學前，就已經有部分的學生開始怕了起來。

當他們走到學校的籃球場，其中有兩位女學生嚇到發抖，其中一位女學生指著傳說中的女廁說：「有⋯⋯有一個紅衣長髮的女鬼趴在地上看著我們。」其他學生聽到，皆瞪大了眼。接著，另一位女學生說，指著同樣的地方說：「還⋯⋯還有一個白衣長髮，但沒有五官的鬼，站在這裡看著我們。」

眾人聽完，嚇到不知該如何是好，其中一位帶頭的學生大叫快跑啊，眾人才像大夢初醒般，往學校外面衝。眾人一路衝到附近輕鐵站才停，但其三位女同學突然昏倒，後經幾位同學叫醒後，仍有一位女同學像是中邪一樣，整個人一直喊著：「我要回去學校、我要回去學校。」

眾學生一面報警，一面壓著她，深怕她真的跑回去。直到救護車來，才將這幾位女同學送醫。除了知名的女學生中邪事件外，還有附近居民曾於晚上見到學校陽台，浮著一個只有半截身軀的男子。還有人晚上來探訪，到了鎖住的大門前方時，大門的鎖頭突然自動開啟。另外，曾有數名男子在夜探校舍時，在鬧鬼最凶的女廁裡，聽見有女性在他們的耳邊說話，眾人被嚇至魂飛魄散。

由於屏山部分區域是個亂葬崗，達德小學又是在亂葬崗中間，因此鬧鬼最凶。不過許多人是又愛又怕，除了陸續有人成群結隊探險外，甚至電影廠商也曾在此地拍攝電影，或一些電視節目在此取景。

香港第一猛鬼景點除了聞名全球的元朗達德小學外，另一知名景點為高街鬼屋，兩者不同的是元朗達德小學現在還存在，但高街鬼屋已改建為西營盤社區綜合大樓，成為一個當地的都市傳說了。不過有關於高街鬼屋的故事，筆者一直認為像鮫島事件一樣就是了。

　　說這裡是鬼屋，其實多少跟當時幾個事件結合起來有關，一是據說當地曾是日軍的行刑場，死了不少冤魂，造成當地怨氣甚重，但這不確定是否為真實事件，又或者是繪聲繪影，但另一個事件，就是這裡曾是關痲瘋及精神病人的域多利精神病院。由於痲瘋及精神病人在當時被視為鬼一般，加上晚上又會發出許多恐怖的怪聲，所以當地居民視為鬧鬼最凶之處。

　　然而在 1961 年，青山精神病院建成後，域多利精神病院病人紛轉過去，此處開始閒置，之後鬧鬼之說就盛傳。一直到香港政府於 2001 年開始拆除舊建物，重建一座新的大樓，也就是西營盤社區綜合大樓，於 2006 年正式啟用，這裡再也沒有傳出鬧鬼事件。

　　高街傳出猛鬼之說，主要是以前病院的關係，後來據說有風水師說，這裡是全香港最陰之地，簡言之，就是地獄與人間的出入口。另一方面，有些靈異節目如很久以前的《大迷信》等，或一些年輕人，喜歡到這地方玩碟仙或錢仙，打擾到當地靈體，造成鬼上身等事件。

值得一提的是九○年代初，電影《大迷信》曾在此拍過紀錄片，節目主持人進到改建前的老舊建築物時，其中有一幕拍到裡面半截樓梯後面有一張臉，像是浮在空中。如仔細看螢幕，會見到這張臉佔據整個螢幕約數秒鐘，筆者的朋友曾被嚇到許久不敢看電視。

**電影《大迷信》**
https://www.youtube.com/watch?v=RbwFSU45nU8

DATE: _____
SERIAL NO: _____
SECRECY DEGREE: Danger!

# 如月車站（きさらぎ駅）只有一個嗎？

　　很多愛逛日本知名討論區 2ch 的朋友都看過如月車站的故事，這故事很簡單，就是一位要回家的人，他在晚上搭上電車時，一邊搭車，一邊上 2ch 聊天，結果坐著坐著，經過一個山洞後，就不知道到哪兒了，於是網友們紛叫他下車。他下車後，發現這個車站叫如月車站，是地圖上沒有的車站，連他也不知道在哪裡，於是就想辦法逃離這裡。當時很轟動，後來接連有人在 2ch 上說他們也到了如月車站，還上傳照片，但很快就被拆穿了。

　　當然，地球是圓的，諸如如月車站的故事，在其他國家的都市傳說中，也有類似的故事出現，只是與如月車站有些不同的是，這些車站是存在的，只是出現一些匪夷所思的都市傳說。筆者在搜集一些網站資料後，整理出比較熱門的都市傳說，跟各位朋友分享。

　　先說說香港消失的車站，根據一些香港坊間靈異節目報導，香港有三個車站未曾使用。去過香港的朋友或香港在地人都知道，上環站是港島西線的最後一站，但西線後面還有西環，為何沒延伸到西環呢？表面上官方指出，此地地質不穩，不易興建，但事實上，從一些論壇或電視等非官方資料顯示，原來在挖地道時，後面的車站未做足工作，意即開工典禮或法事等，挖通了到陰界的地道；因此，後面的站，往往都是一些陰魂在等車，但近期西環線已完工，新開啟的幾個站，其中有一站是在著名的高街鬼屋旁。

在美國的辛辛那提也有類似的故事出現。一位到辛辛那提出差的女乘客在開完會後，走到辛辛那提的地鐵站，想搭列車回家。在列車來了之後，由於加班，她一上車就累得靠在列車的一角休息。後來到了某個車站後，有三位年輕人上來，在她的對面坐下。她聽到一些吵雜聲音時，微微地睜開眼一下，看著對面三人，然後又瞇了起來，繼續睡覺。

列車到了下一站，突然有位流浪漢進來。他往四周看了看，然後一屁股坐在女乘客的旁邊。女乘客被驚醒後，她正準備要起身走到其他位子坐時，流浪漢低聲在她耳邊說：「小姐，看在上帝的面子上，妳一定要在下一站跟我一起下車。」

當列車到達下一個站後，這位女乘客說也奇怪，她真的就乖乖聽這位流浪漢的話，跟著流浪漢一起下車。當走出地鐵站時，她問流浪漢：「剛剛你為什麼叫我下車？」

流浪漢露出一口殘缺的牙齒，笑了起來：「小姐，妳不是辛辛那提人。」

「你怎麼知道？」女乘客狐疑地問著。

「因為辛辛那提的車站是荒廢的，從來沒有啟用過。」流浪漢笑道：「妳剛上去的不是一般的列車，只有外地人才會搭上去，我也不知道從哪裡來及開往哪兒去，但每次有外地人誤上時，我都會上去請他們趕快下車。」

「那坐我對面的三位年輕人呢？」女乘客頓時全身起了雞皮疙瘩：「你怎麼不叫他們一起下車。」

　　「那三位嗎？」流浪漢搖搖頭：「我上次有跟他們說，結果他們不聽我的，繼續坐著那輛列車；從此每當這列車出現時，他們都會在同一車站上車，我已不知他們是人是鬼了。」

　　對於這種消失的車站的都市傳說，知名的「鬼域傳說」網站主編湯姆摩朗是這樣下註解的，每個車站建立時，都需要靠人的氣（類似陽氣）來維持它的循環（類似活力），當車站荒廢時，聚集的陰氣一多，自然而然就會出現許多無法解釋的現象。筆者對於這解釋非常滿意，就如同一些廢棄已久的房屋或廟，傳出的靈異事件也特別多。

# 東冥婚、西屍娘

DATE: _____
SERIAL NO: _____
SECRECY DEGREE: Danger!

多年前，網路流傳一張冥婚圖。它是這樣的，背景為中國某個家庭的客廳，一位新郎旁邊站著一位新娘，兩人穿著中國清式結婚旗袍，新郎看起來很正常，但新娘看起來就很恐怖，雙眼翻白，雙腳似乎未著地，整個人像是被竹竿架起來一樣。後來被許多人踢爆，這是中國國家地理雜誌，對於民國時期山西的一對新婚夫婦。

甚至在一個台灣臉書社團上，一位網友表示，這張老照片其實是出自於屏東枋寮鄉水底寮一戶人家，也是這位網友的外曾祖父和大房大媽的結婚照，日據時期外曾祖父曾擔任水底寮的保正，娶了大地主的女兒，這些都是有歷史記錄的；這位網友將原圖及所有來龍去脈都講清楚後，這才結束這場鬧劇。不過時至今日，在谷歌查詢冥婚關鍵字，都是排名第一，讓這位網友的家人哭笑不得。

事實上，冥婚是真有其事，尤其在華人地區，各地風俗民情不同，冥婚的方式與理由也不同。根據文獻，以台灣來說，冥婚俗稱「娶神主」，由在陽間的男性迎娶往生的未婚女性，其用意在為這些未婚的往生女性尋找夫家，使她受到永遠的供奉。然而遠在墨西哥，也有一個屍娘的都市傳說，但這比冥婚的習俗雖還要詭異，但卻隱藏著一段淒美的故事。

由於墨西哥人對親人的屍體不但不害怕，更是想盡辦法保存起來，以供懷念。有位墨西哥青年在酒館喝酒，因為酒館有人起衝突，拿槍亂掃射，不小心將這名青年射死了。這名青年的媽媽為了懷念他，於是在下葬前，將他的屍體放在酒館裡，打扮成他生前玩多米諾牌遊戲的模樣，他媽媽跟他的朋友每天都會跟他問候與說話。

較特別的是屍娘都市傳說，也有類似這樣的情景。在墨西哥奇華華市，有一間超過七十年歷史的知名新娘禮服店，名為帕斯庫拉塔。這間新娘禮服店跟一般同性質的店差不多，專門提供結婚禮服給欲結婚的新人們，店面本身並沒有太特別的地方，照理說，應該不會發生什麼靈異事件，但令人感到詭異的地方是穿著新娘禮服的櫥窗展示人偶。根據當地人的說法，這個櫥窗展示的人偶，只有頭的部分是石膏，其他部分都是店主女兒的屍體製成，換句話說，這人偶是石膏與屍體的結合。

店主名字叫帕斯庫拉艾斯帕莎，他女兒叫小帕斯庫拉（La Pascualita），又稱帕斯庫拉塔，也就是現在的店名。小帕斯庫拉是店主的掌上明珠，也是獨生女，店主甚是疼愛她。小帕斯庫拉在十七歲那年，跟一位當地富商之子戀愛；沒多久，兩人就論及婚嫁。然而在她出嫁當天，穿上新娘禮服時，她坐在房間裡，被黑寡婦蜘蛛咬了一口，連送醫都來不及就當場斷氣了，一場童話般的婚禮，頓時成為喪禮。

店主與新郎傷心之餘，不願將她埋葬，並計劃共同將她的屍體加防腐劑後，製成櫥窗的人偶，以懷念她。而為保有她的美麗容顏，僅將她的頭埋葬，身體則穿著新娘禮服，並約定此生要保守這個祕密。當地人起初並不知情，然而這間新娘禮服店的員工，不小心走漏了消息。這些員工發現，這新娘人偶除了頭以外，身上露出的部分，似乎跟人的皮膚一樣，會老化，也會皺掉，甚至有時看起來會動。

　　另一個疑點就是，這新娘人偶就像其他人偶一樣，會不時地換穿新的禮服，但換穿時，店主都不讓別人碰，僅店主本身替她換穿衣服。在老店主過世前，將店交給新郎來經營，新郎也是親自替這新娘人偶換穿衣服。目前新郎仍在世，但無論如何，都不肯說出新娘人偶皮膚為何會老化的真相，這動人的傳說應該會隨著他進到天國吧。由於這個都市傳說在當地相當有名，當地人或遊客經過櫥窗時，多會在櫥窗前擺上鮮花或禮物，祈求小帕斯庫拉賜福給他們。

　　事實上，外國人對於死亡的親人都有一股懷念之意，在英國維多利亞時代，就興起一股冥照風潮。通常會拍攝死者照片的，除了法醫或醫院的醫生會對屍體拍照，進行驗屍外，再來就是警察與記者會拍凶殺案或自殺案的屍體照片，以滿足工作上的需求。

一般人就算親人死了，也不太可能會去對屍體拍照，然而在 19 世紀末 20 世紀初，一些歐美家族，為了讓死去的親人永遠懷念，在親人下葬前，拍張個人照，或是讓屍體穿上生前最愛的衣服，並擺個最喜愛的姿勢，然後再拍照，甚至讓這名已死去的親人，在經過打扮後，一起與家族的親人拍照。

在早期，這種冥照多半會以躺在棺木的屍體為主角，連同棺材一起拍進去。在中期，大部分拍冥照的人，就會開始替屍體擺些姿勢，如小孩的屍體就會打扮地非常漂亮，然後擺放在椅子上拍照；有些時候，雖然屍體無法自行立起來，但攝影師會用一些鐵支柱，把屍體撐起來。一些家族則會以一群活著的人，跟一名死去的親友的屍體，一起拍家族照片。在後期，則又是以棺木與屍體為主要的拍照目標；不過同樣是一群人一起緬懷親友時，一起拍的照片。當然這些是屬正常行為，因為懷念，所以拍照。

然而，有一些非正常人士，為了滿足自己一些非常人的癖好，居然跑去挖出安葬已久的屍體，進行拍照。而這些拍出來的照片，自然也不會正常到哪兒去。這種非常人的舉動，多半被稱為戀屍癖。在歐美，常有一些盜屍者，或有戀屍癖的人，會竊取屍體，進行一些奇怪的舉動，其中之一就是拍冥照。

在國外大部分論壇流傳著許多冥照，但不知真實性如何，例如有一張是一位婦女帶著一男孩與一女孩，但顯然已經死了很久，因為臉部已經腐爛到不成人形。一部分人表示，照相者從墳墓中挖出屍體來拍照，但另一部分人則說是修圖後的成果，支持這論點的人，甚至張貼出原來的照片。

原來照片的婦女面部看起來很正常，雖然多了幾道疤痕，但仍有人認為，這是縫製過的臉。旁邊的小男孩及小女孩，似乎感覺更為詭異。小男孩的雙眼不見了，身體似乎是用鐵支柱支撐著；而小女孩臉上全是縫合的疤痕，活脫就像是一個重新縫製過的玩偶。然而，又有另一部分的人，在很仔細地分析比對後，發現原來的照片才是被修圖過的，而一開始詭異的冥照，才是最原始的照片。無論如何，這張詭異且有爭議性的照片，很顯然不是一般正常人拍攝的冥照。

**帕斯庫拉塔官方臉書**
facebook.com/La-Popular-Pascualita-119397238090272/

# 直達地獄的梅爾洞穴

Mel's Hole

DATE: _____

SERIAL NO: _____

SECRECY DEGREE: Danger!

---

亞特貝爾（Art Bell）的《灣岸至灣岸》（Coast to Coast AM）節目，是一個專門報導外星人或一些都市傳說的深夜話題性節目，常常接到一些光怪陸離的電話。早在 1997 年，有位自稱住在華聖頓州的艾倫斯伯格區的梅爾瓦特斯，打電話到亞特貝爾的《灣岸至灣岸》節目，說他發現一個遺跡上有一個深不見底的地洞，且這個洞帶來許多不可思議的事，但後來被美國政府強制看管。梅爾的這通電話，主要是因為他的私人土地出現一個深不見底的洞，過沒多久，美國政府派人強制徵收這塊土地，並派人看管這個洞。跟他接觸的官員說，政府會給他一筆很大的資金，讓他離開美國到其他國家過下半輩子，同時也告知他，這個洞穴非常危險，所以要由國家來接管。

同年 2 月，梅爾再度打電話到灣岸至灣岸說，描述這個洞一開始沒有什麼特別的狀況發生，且還有一些人會來這邊亂倒垃圾。然而有一次他親眼見到一位鄰居，將他死去的狗屍體扔進這個洞裡，他還特別看了一下，那隻狗瞎了一隻眼睛，且瘸了一條腿，並加上其他的特徵。過了幾天，居然發現另一位小鎮的居民帶著那隻狗逛街。他仔細確認那隻狗瞎了一隻眼睛，瘸了一條腿外，其他特徵也完全相符，因此他很確定牠就是死去的那隻狗，只是換了一個主人。

他覺得非常詭異，於是向華盛頓大學求援，請他們派人調查此地洞的祕密，這間大學在接受他的委託後，派一些研究人員跟他一起去探勘。他們先將釣魚線綁個東西垂釣下去，結果線一直放到超過七萬英呎長度，但仍未觸底，他頓時感到這應該是通往地獄的通道。他甚至描述一些這個地洞的不可思議之處，例如他曾在大白天，見到有一個黑色的氣從地底噴出來；甚至曾經有人帶著一個收音機靠近那個地洞時，收音機卻傳出數十年前的流行樂。

由於此事過於誇張，有記者想去採訪梅爾瓦特斯，甚至也去華盛頓大學求證，結果發現沒有這號人物。就在大家認為梅爾事件只是個謊言時，他在2月底又打電話進電台，然而這是最後一通電話了。雖然主持人不論怎麼追問，他仍自稱是梅爾瓦特斯，並再詳述梅爾洞穴的更多不可思議之事。

自前一通電話後，從此電台都未再接到過他的電話，人們又漸漸淡忘他的事時，一直到2000年，他又再打電話進電台，重複著過去的故事。電台最後一次接到他的電話，是在2002年，他還是一樣說著過去的故事，不過自此之後，再也沒接過梅爾的電話。此事引起西雅圖知名的科摩電視台極大的興趣，準備派人去探訪此洞穴，並透過各種管道，勢必要找出梅爾這個人。

由於梅爾從未告知任何人這個洞穴的正確或準確的位置，因此大家只能用猜測來代替。不過大多數的居民認為，這個洞穴應是在艾倫斯伯格區約二十公里處的瑪那史塔許岩石旁。

同時間，地質學家傑克包威爾，正開著車準備到東岸出差時，無意間聽見梅爾瓦特斯在《灣岸至灣岸》所述的故事，他立即調頭回到艾倫斯伯格區。因為他的研究背景關係，對這種非自然的事非常熱衷，特別是他又很愛聽亞特貝爾的節目，因此，他一聽到這樣的事情，便引發極大的興趣。

　　傑克曾於華盛頓大學教過數年的地質學課程，後任職於石油公司多年，並進行地質探勘的工作。從小就在凱地特思小鎮長大，由於這小鎮曾興起一股淘金熱，因此留有很多廢棄的金礦，他大概都去過。其中有幾個廢棄的金礦，其深度達二十公尺，但他認為，當年在淘金熱最興盛時期，超過七公尺深度的金礦比比皆是。

　　然而，當他聽到有超過兩千公尺深的洞穴在瑪那史塔許岩石處時，他簡直不敢相信，認為這是個天大的謊言。因為他知道，全世界最深的天然洞穴的深度為三百零四公尺，長度為一百八十二公尺；而人工挖掘最深的洞穴，是位於俄羅斯於 1989 年開挖的礦坑，其深度達一千四百公尺。

　　傑克當時認為，以他三十年的地質學領域的經驗，認為這整件事是一起惡作劇，他想要找出真相，因為當一個洞穴深度為兩千公尺時，其壓力跟溫度，是不可能讓洞穴撐得住。同時，他以過往任職於石油公司的經驗來說，梅爾洞穴的正確位置應該就在這石油公司不遠處。他甚至猜測，梅爾應該是依據一個真實的洞穴，來編造一個不存在的都市傳說。

此事也鬧到媒體，當地科摩電視台為此還特地開闢一個專欄，專門報導梅爾洞穴的事，並找來住在凱地特思小鎮的印地安人部落醫生瑞德奧克擔任主持人。瑞德宣稱他父親於六○年代，曾跟他說過這個無底洞的祕密地點，也因此這節目在找不到梅爾的情況下，只好找瑞德來代替主持。不過節目從播出到結束，仍未解開這洞穴的謎，甚至連正確的地點都找不到。

　　不過依照人類追求未知事物的特性，居然有人為此在西雅圖成立了梅爾洞穴研究組織。後來這個組織與傑克包威爾聯繫，並將他的經驗與知識，來教導這個組織成員，甚至指出這個洞穴的大概位置。在一個風和日麗的週末，這個組織的工作人員依著傑克的指示，到了瑪那史塔許岩石處，但仍未找到傳說中的梅爾洞穴。工作人員再到附近的礦坑找尋，結果卻是失望的，因為他們花了整天的時間找尋，卻沒有一個洞穴是無止盡的深度。

　　在這次探勘後，工作人員與傑克再次會面。雖然他們未能找到梅爾洞穴，但這個組織卻於日後成為知名的西雅圖超自然學會，這可能是梅爾意想不到的發展吧。而傑克對於這個都市傳說下了個註解：「雖然未能找到梅爾洞穴，且以地質學的理論來說，但我們不能否認這個洞穴存在於地球上的真實性。」

　　由於梅爾洞穴的都市傳說盛行一時，後來許多人對於廢棄礦坑感到無比的興趣，甚至有些人希望能夠找到傳說中的洞穴，但結果卻都令人失望；不過在一連串與梅爾洞穴相關的消息中，有三個事件較為特別。第一件是俄羅斯西伯利亞俄羅斯的地獄之聲事件、第

二件為西伯利亞近期發現數個深不見底的洞穴，而這些洞穴可通到百慕達三角洲，並與數十年前，飛機或船消失的事件有關；第三件則是一名青年於 2013 年至 2014 年間，在內華達州探訪當地知名的鬧鬼廢棄礦坑時，所發生另一起來自地獄的聲音（Well to Hell）事件。

在所有俄羅斯的地獄洞穴傳說中，最出名的是在 1989 年，俄羅斯科學家在西伯利亞鑽了一個深達一千四百公尺的洞穴。當鑽破了最堅固的岩層後，這些科學家們將一些探測儀器降下去測量，發現溫度高達攝氏 1,100 度，最令人不可置信的是，他們在降下去的麥克風熔解前，錄到了十七秒來自地獄的聲音，這就是知名的俄羅斯地獄之聲。然而，真正的地獄之聲已消失在世界上了，網路上所流傳的版本幾乎都是後製的，真正的版本僅有十七秒。

在俄羅斯地獄之聲事件後的數十年，該國又出現了另一個更令人不可置信的傳說，那就是近期於西伯利亞發現的數個深不見底的洞穴，每個洞穴都跟梅爾洞穴的傳說類似。俄羅斯科學家在探勘過後認為，這些洞穴與遠在大西洋的百慕達三角洲相連，且與過去數起飛機或船消失的事件的關聯性非常大。

這些科學家分析，在北地球端的冰原融化成水後，透過洞穴進到地心，與熔岩結合，產生一些氣體；而這些氣體在穿過地心後，從大西洋的百慕達三角洲噴發出來，其運作相當於核子反應爐，成為高溫的氣體，這些氣體讓經過該處的船熔解；而有部分的氣體升到空中，觸碰到大氣後，產生漩渦反應，讓經過的飛機墜毀，這也

解釋了為何百慕達三角洲有許多的船難或空難發生。值得注意的是，雖然科學家提出這些報告，但俄羅斯官方僅表示，這些是私人研究，在更多的報告出來前，不願為其真實性背書。

另一起發生在美國內華達州的礦坑出現地獄的聲音事件就更詭異了，一位曾探訪過超過一百個西部廢棄礦坑的美國青年法蘭克，一直想找尋是否真的有像傳說中的梅爾洞穴，甚至也想探尋有些傳出靈異事件的洞穴，結果他在 2013 年至 2014 年探訪內華達州的荷頓礦坑（Horton Mine）中，遇到一些靈異現象，他自己也認為這是他所有的探訪中，經歷最恐怖的一次。

2013 年的夏天，他獨自一人進到內華達州的荷頓礦坑中，據說這個礦坑是當地傳說最恐怖的一個。當他接近洞口時，依他過去經驗，先確定其安全性後，認為沒有崩塌危險，於是就一人拿著攝影機進入。然而，他踏進去的第一步，就發現氛圍很不對勁。他對著洞裡的一些廢鐵鏈或設備攝影時，感到身邊的氣溫降低，而周圍的空氣似乎凝結了起來，這時有條鐵鏈自行晃動得非常厲害，但恐怖的是，其他鐵鏈卻沒晃動，特別是在無風的狀態下，單一鐵鏈自然晃了起來，好像在警告他不要再走進去了，他也於此結束第一次探訪。

2014 年，他又重回到內華達州的荷頓礦坑，決定挖掘真相，此次他還是獨自一人探險。這個礦坑最深處達九百英呎，在 1970 年至 1980 年間開採。有鑑於第一次探險時，礦坑內部靈異力量對他的不友善，他這次先做好隨時撤退的準備。當他進去時，雖有不明霧

氣圍繞著他，但他還是決定繼續深入。然而，這次不像上次一樣，僅是晃動鏈條警告了，而是在他想走進去時，突然出現一道地獄傳出的聲音在跟他說話，這聲音是非常明顯從內部傳出來，直接就跟他對話了，他聽完後立即往回跑，此次探索僅有八分鐘，但對他來說，有如八小時那麼漫長，其聲音如下：

為何通過？
你準備好死亡了嗎？
你是誰？
你涉入太深了，
你很靠近我們了，
現在，離開。

**詭異的荷頓礦坑**
https://www.youtube.com/watch?v=yCy8iWxf1Us

# 來自冥界的聲音

DATE: ＿＿＿＿＿＿＿＿

SERIAL NO: ＿＿＿＿＿＿

SECRECY DEGREE: Danger!

自貝爾發明電話後，這工具是很好用沒錯，但一個不小心，就會通到異世界去了。會有這種情況出現，是因為異世界所發出的訊號，有時進與人類使用儀器的相同頻段時，雙方就會接通了。在研究這方面的專家，通常會配備一個超自然電子訊號異象（Electronic Voice Phenomenon；EVP）設備。此設備是透過現代電子設備的靜電干擾和雜訊，錄音鬼魂或異世界所發出的聲音，據說過去有人錄到冥界的聲音，而這設備隨處都可以買得到，價格從便宜到貴都有，當然功能也會因價格的高低而不同。

從冥界打來的電話，在真實案例有出現過，新聞也有報導過，這並不是那種打十三個零或是一直撥自己的電話號碼那種都市傳說，而是亡者為了通知親人，而從冥界打電話回來。

2008 年 9 月 12 日，在加州聖佛納多市，一輛載了兩百二十五名乘客的火車，以時速八十三英哩的速度行進下翻覆，造成一百三十五人受傷，二十五人死亡。其中一名四十九歲的男子查理斯派克，為了要去洛杉磯跟他的女友結婚，並進行工作面試，而上了這班死亡列車。查理斯此次是二度結婚，前次婚姻使他多了三個小孩要撫養。

在列車出事後的第十二個小時，他的屍體被找到了。不過就在他屍體被找到的前十一個小時裡，他的手機卻自動撥給他的親人、兄弟姐妹、他的未婚妻，和他的小孩，前後總共撥了三十五通電話，據接到他電話的人表示，當時電話接起來後，一直聽到出現雜訊，似乎隱約有人想要講話，卻又被某些東西干擾，甚至有些人試著回撥給他手機，但卻一直進到語音信箱。其中又以他的未婚妻和小孩接到的次數最多，也許是想跟他們道別。

不過事後，調查人員發現這是不可能的事。因為依照現場情況，他應該一開始就死了，不可能撥電話，且他的手機在一開始就撞壞了，更不可能有撥話的功能。依照靈異學來說，雖然他死了，但他對家人的執念，進到了電話的頻段，用盡最後一口氣，將他的思念傳達給他的摯愛。

當然這不是單一事件，住在英國的法蘭克瓊斯，他就常常接到他死去的太太的手機簡訊，更常接到靈異電話。法蘭克一家於二十年前搬到英國的黑潭市，當他們搬進去時，就感到這房子有問題，例如常聽到一些女人叫聲，或是傢俱移動的聲音，甚至小孩在睡夢中，突然會被推到床下。

他們不勝其擾後，決定請捉鬼特攻隊，也就是西方人愛用的驅魔者，來幫忙驅魔。這名驅魔者告知，他的房子處於陰陽兩界的交會點，所以靈魂不管是從另一個世界過來或回去，都會經過他家。在驅魔者唸了經文，以及灑些聖水後，法蘭克一家暫時過著平靜的日子。經過十五年後，他的小孩和太太因一些事故而死，此時他的惡夢才剛剛開始。

他向當地媒體投訴，他太太死的時候，帶著她心愛的手機進了墳墓，此後，他常接到太太發的簡訊，雖然手機沒顯示號碼，但那些話只有他和他太太知道，不可能有第三人知道。更恐怖的是，他手機常常接到從他家打來的電話，但全家只剩他一人了，不可能有其他人打電話給他。

說到來自冥界的聲音，就不能不提白色訊號（White Noise）與超自然電子訊號異象。這世界有許多未能解釋的現象，包括靈異照片、商品、音樂等，但這都是有形的，閉起眼或搗住耳朵就可以躲避這些靈異性質的物件入侵，然而有一樣無形的物件，卻是怎麼樣都躲不了，那就是冥界之聲。要聽見冥界之聲，一般人的耳朵其實已經夠強大，只要頻段對上，就一定聽得到；同理，只要冥界之聲進到收音機、電話或電視的頻段，那麼就會出現我們所謂的鬼影像或鬼聲音。

由於每個無線通訊的訊號處於不同的頻段，因此不會互相干擾，但如在同個頻段發出訊號，則會受到或多或少的干擾，最明顯的例子，就是在家接無線電話時，有時會聽到其他人在講電話的聲音，那就是雙方的頻率一樣了，因無線電話所使用的頻段都是一樣的，但又有分幾個子頻道，如果子頻道的頻率對了，自然會聽到其他人撥出的電話。

引用自維基百科，基本上，只有一種訊號有可能穿越所有頻段，它就是白色訊號。白色訊號是一種功率頻譜密度為常數的隨機訊號。換句話說，此信號在各個頻段上的功率是一樣的，可視為零，由於白光是由各種頻率（顏色）的單色光混合而成，所以此號

的這種具有平坦功率譜的性質被稱作是「白色訊號」。相對的，其他不具有這一性質的雜訊信號被稱為有色訊號。

由於理想中的白色訊號具有無限頻寬，因而其能量是無限大，不太可能出現在這個世界，因此有些專家會將有限頻寬的整齊訊號視為白色訊號，目前音樂、影片普遍都有用到白色訊號。

不過這個白色訊號與收到靈異聲音的白色訊號又不一樣，由於白色訊號具有穿越所有頻段的能力，而一些西方靈學家將白色訊號視為超自然電子訊號異象，因為他們相信鬼魂會透過白色訊號，穿越各個頻段時，留下一些訊息在某些電子設備上，甚至人體也有可能，這就是我們常聽到電影所提到的「鬼訊號」。

全球有很多研究靈異事件的學會都配有 EVP 設備，隨時都在監測錄下這些聲音。其中位在紐約雪城的中央紐約鬼魂獵人協會（Central New York Ghost Hunters；CNYGH），於 2008 年 1 月，被紐約的一個老舊旅館主人邀請，到這間旅館探測是否有鬼魂存在。由於此旅館住客常反應一些靈異現象，諸如我們所知，房客睡到半夜會有人在床邊說話，或是一些傢俱會自動移動等狀況。因此旅館主人尋求協助，看是否可以錄到一些靈異的聲音。

2008 年 1 月，史戴西瓊斯帶著他的隊員，到這間老舊旅館住一晚。這間旅館建立於 19 世紀，充滿了美國古早時期的色彩。雖然他們沒發生任何的情況，但一直研究靈異事件的他們，也有感到些許的異樣，於是決定帶著 EVP 設備到這間旅館進行靈異訊號的探測。

在一個週末的晚上，史戴西帶著隊員將 EVP 設備架在這棟老舊的旅館中。其目的是為了要錄下老舊旅館的靈異訊號。當晚就傳出多次的靈異現象，包括一些啜泣聲，或是上下木板樓梯的腳步聲，但確都沒見到形體。這些隊員在心驚膽顫的情況下，度過了一晚。會說這些老手心驚膽顫，是因為靈異出現的次數太多，讓他們也不得不動搖了起來。甚至有一位隊員表示，他從未度過這麼恐怖的夜晚。

凌晨一點，兩位女性隊員跟著一位旅館老板女兒，一起坐在樓梯間，其中一人身上掛著數位錄音機，嘗試著要錄到一些零異訊號。她們選擇這個地點，是因為許多房客反應，樓梯間常傳出一些說話聲或腳步聲，但卻看不到人影，因此，樓梯間被公認是鬧鬼最凶的地點。

雖然她們事後重放錄音機，並未聽到傳說中的說話聲或腳步聲，但所聽到的聲音遠超過她們事前想像的恐怖，從錄到的檔案中，可以隱約地聽到幾名女性在交談，她們似乎是親戚，其中一人打了聲招呼後，接著就一連串的對話。並且可以清楚地聽見人在說話的聲音，只是聲音似乎被什麼東西給干擾，就像是廣播電台被干擾一樣。

接下來，可以聽到一個男性的聲音，還有一個明顯的鬧鐘聲。然而，可怕的是，這間旅館並沒有這種鈴聲的鬧鐘。而同時在半夜，也沒有半個女性或男性在走廊走動。而聽到後面，這幾個人的聲音和鬧鐘聲是越來越清晰，越來越靠近。

再繼續聽下去時，可以聽見門不斷地開關著的聲音；接著一個女性很生氣地說出「不要碰我」這幾個字，聽起來像是有人在抓著她或騷擾她。這騷動大約有幾分鐘時間，然後就聽見派去的調查員在對話，他們想要到樓上去試試可否接收到更多的靈異訊號，因為她們聽見樓上有些腳步聲。

當她們走上樓後，錄到的聲音更為可怕，可以清楚地聽到有位男性一直在喊著「救我、救我」。在錄到這些聲音的同時，伴隨著許多的雜音。史戴西曾試著過濾掉這些雜音，但沒有辦法，因為這些雜音跟錄到的鬼魂聲音是結合在一起的。換句話說，兩者聲音是在同一音軌上，無法過濾。

這次的測試，也確定了這間旅館是有鬼魂存在，而這些鬼魂所發出的訊息，則是他們生前所經歷過的一切，也就是說，他們很有可能認為他們還活著，甚至更不排除是時空重疊，也就是這個旅館處於一個平行世界。

**中央紐約鬼魂獵人協會所蒐集的 EVP**
http://gotghosts.org/evidence/electronic-voice-phenomenon-evp/

# 戀屍癖的都市傳說

DATE:

SERIAL NO:

SECRECY DEGREE: Danger!

所謂戀屍癖，就是對屍體有莫名的喜好，其中最有名的是電影《鵝毛筆》的主角，也就是性虐待小說教主──薩德侯爵（Marquis de Sade）。許多戀屍癖的人都非常崇拜他，甚至後來這些戀屍癖的人甚至有過之而無不及，有些還盜屍。

有些人對屍體有熱愛，但有些卻是家族傳統，如日本的福勝成博士，因家族有蒐集刺青屍皮的習慣，所以會將一些刺青屍體的人皮剝下儲存起來，但這是合法的，他有徵求家屬同意。另外，何瑞修哥頓羅布利（Horatio Gordon Robley）將軍於 19 世紀末期，在紐西蘭蒐集毛利人的人頭，但他不是殺了他們，而是將死去的毛利人頭蒐集起來，當時也沒法律限制，且這位將軍對人類學有興趣。他認為毛利人的面部刺青是很高明的藝術，因此他出高價搜購這些刺青的毛利人頭。

何瑞修哥頓羅布利將軍蒐集的毛利人刺青人頭。

而在俄羅斯，有一位四十五歲的阿那透利摩斯克文（Anatoly Moskvin），將二十九名小孩屍體從墓地盜回去，製成屍體娃娃，此事驚動整個俄羅斯。警方一開始接到多起盜墓的報案，調查一年多後，透過錄影監視器，發現阿那透利會在晚上到墓地專門盜取小女孩或一些年輕女性的屍體，並帶回家將屍體打扮成玩偶。警方除了找到屍體娃娃外，也在他家找到一些盜墓工具，包括地圖等。

不過阿那透利似乎有選擇性的盜墓，除了盜取女性屍體外，他不會去挖回教徒的墳墓。據他對警方說，因為有幾次喝醉酒倒臥在墓地裡，甚至有時會躺在棺材裡，因此他對屍體有非常特別的喜好，也養成盜取屍體後，製成屍體娃娃在家陪他。

除了這些對已經死亡的屍體有偏執的喜好外，其實對於屍體最熱衷的，莫過於殺人醫生荷姆斯（H. H. Holmes）的故事，他在求學時，因接觸到屍體，以致後來以殺人來獲取屍體，甚至犯下其他相關的重罪。這名殺人醫生為美國史上殺人最多的兇手，其死亡人數超過兩百人。他買下一棟三層樓高的旅館，趁著世界遊樂會在芝加哥召開時，誘拐婦女、小孩等，將他們殺害，並將他們的屍體賣給醫學院，同時也詐取保險。

最後被法官判定死刑，三十四歲的荷姆斯在費城的摩岩城監獄被吊死。他的事蹟簡直是一本殺人教科書，在美國，許多相關作家紛推出有關他的書籍，甚至也被寫成小說和拍成電影《白城魔鬼》。日後有許多連環殺手的犯案手法，都是向他致敬。

荷姆斯於 1860 年在新罕布夏州出生，其家人是第一代的英國移民。他在家中排行老三，有一個姐姐、一個哥哥、一個弟弟。他父親是一位嗜酒的暴力分子，常在酒後痛打家人。由於他是個天才，在學校成績優異，造成許多人嫉妒他，並霸凌他。由於他被霸凌次數太多，心靈受創，因此被送去醫院治療。

在醫院裡，他看著許多陳設的人骨標本，醫生以為他喜歡這些人骨，把一個人骨放在他手上。初時他很害怕，但後來感覺非常美好，自此他愛上了人體被支解的感覺，且只要支解人體或殺人，他就感到非常安心。雖然後來荷姆斯沒有吃人肉的習慣，但許多人肉嗜食者，都視他為神，因為他對支解人體是非常有研究的。

由於他在謊言及騙子的環境中長大，造就了他日後說謊的能力。 1882 年，他就讀於密西根大學醫療與手術系，就學期間，常偷取屍體標本，用來進行屍體實驗。 1886 年，荷姆斯搬到芝加哥居住，他在一家藥局工作，並稱自己為荷姆斯醫生。恐怖的是，這家藥局的老板神祕地失蹤了，他就自行經營這間藥局，一般認為，是他殺了這個老板。

荷姆斯買了一棟三層樓的公寓，最頂層是他居住的地方，並隔了許多小房間，這些小房間則是他後來用以折磨及殺人的工作室，有些工作室還擺設催眠瓦斯，用以迷昏受害者。在這棟公寓裡，有個通道是讓他可以從三樓方便丟棄屍體到地下室，進行燒毀的動作。

1893 年，芝加哥世界博覽會召開時，他誘拐這些人進到他的公寓裡，痛下殺手，據估計，約百人死於他的手上，另外還有超過百人的失蹤跟他有關，他大多將屍體解剖研究，甚至出於變態性的欣賞，以滿足他的戀屍癖好。

　　荷姆斯除了戀屍癖好外，他還涉及多起詐騙保險案件。他與班傑明比特索，利用這些死者，詐取當時高達 1 萬美元的保險，並且化名豪爾德欺騙德州監獄典獄長，替死囚進行保險，但後來在荷姆斯沒有付錢的情況下，德州監獄典獄長視破他的身分。他為了要脫罪，嫁禍及殺害班傑明，同時怕被班傑明的小孩認出，也將他其中三個小孩殺害。

　　當荷姆斯被逮捕受審時，法官判他背負二十七條人命，但超過兩百人的失蹤都與他有關。最後他被判死刑，於 1896 年 5 月 7 日受刑。荷姆斯不否認他的變態殺人心理，甚至他認為自己就是惡魔，因為他身邊有個惡魔陪伴著他。

　　他曾在法庭上說過：「我體內的惡魔從出生以來，就一直跟著我。我無法克制我殺人的慾望，就像是讀詩會不經意地唱起詩歌來。我一直認為這惡魔一直在我身邊陪著我，就連我睡覺時，這惡魔都在床邊陪著我。我知道，我跟這惡魔自生至死都不會分離。」

　　也因此，白色城市的惡魔名號不脛而走。筆者認為，戀屍癖這種習慣固然有些恐怖，但有些人就是喜歡這種跟屍體在一起的感覺，如同前面所說的冥照一樣，一個是捨不得跟死去的親人分開，一個是想要跟這些死者同在，只要不是殺人或盜墓取得，基本上都予以尊重。

# 【後記】

　　暗網、末日教派、都市傳說都是一些令人感到神祕性充足，但又難以找到完整資訊的故事，本書將在都市間口耳流傳的最底層、最黑暗的事件匯整而成，讀者在讀完後，將認識到這個世界真正的黑暗底層，而這也反映出最真實的人性黑暗一面。人性黑暗面在透過各種社群網路、資訊媒體等途徑宣傳，其傳播的速度、管道將比以往更迅速、更廣泛，也更深入每個人的生活中。

　　然而，在暗網的神祕面紗被揭開後，表網也跟著浮現許多暗網不為人知的資料。當然在一般情況下，很難得知暗網的全貌，甚至一些表網的內容都無法完全瞭解。本書雖揭露許多資訊，但實際上，所記載的並不是暗網技術的高深，或資料的多寡，而是人性藉由這些管道，顯示出來的黑暗一面，就如同馬里亞納海溝一樣，深不見底。

　　不過凡事都有一體兩面，有黑暗就有光明，這世界仍是有大部分的人追求光明的一面，所以即使有黑暗的一面發生，但光明的一面就會適時出現阻止。如同暗網、末日教派，在一些非法組織對世界進行一連串的顛覆性活動時，各國執法人員也極力地打擊在暗網的非法組織，讓暗網早日能擺脫恐懼深淵之名，回歸單純的網路環境。

　　**另外，本書所附連結之參考資料或影片，如遭移除而導致無法順利觀看，還請見諒。**

高寶書版集團
gobooks.com.tw

新視野 New Window 154

**不為人知的都市傳說：神祕暗網、末日教派、恐怖怪談**

作　　者　Shawn Chen
副總編輯　蘇芳毓
編　　輯　黃芷琳
美術編輯　Kepler Design
內頁排版　趙小芳
企　　劃　陳俞佐
發 行 人　朱凱蕾
出　　版　英屬維京群島商高寶國際有限公司台灣分公司
　　　　　Global Group Holdings, Ltd.
地　　址　台北市內湖區洲子街 88 號 3 樓
網　　址　gobooks.com.tw
電　　話　(02) 27992788
電　　郵　readers@gobooks.com.tw（讀者服務部）
　　　　　pr@gobooks.com.tw（公關諮詢部）
傳　　真　出版部　(02) 27990909　行銷部 (02) 27993088
郵政劃撥　19394552
戶　　名　英屬維京群島商高寶國際有限公司台灣分公司
發　　行　希代多媒體書版股份有限公司 /Printed in Taiwan
初版日期　2016 年 3 月

國家圖書館出版品預行編目（CIP）資料

不為人知的都市傳說：神祕暗網、末日教派、恐怖怪談
Shawn Chen 著 . — 初版 . — 臺北市：高寶國際出版
希代多媒體發行 , 2016.03
192 面；14.8x21 公分 . —（新視野 154）

ISBN 978-986-361-261-2（平裝）

1. 社會史

540.9　　　　　　　　　　　　　105000616